Karl Biedermann

Der letzte Bürgermeister

Karl Biedermann

Der letzte Bürgermeister

ISBN/EAN: 9783743372412

Hergestellt in Europa, USA, Kanada, Australien, Japan

Cover: Foto ©ninafisch / pixelio.de

Manufactured and distributed by brebook publishing software (www.brebook.com)

Karl Biedermann

Der letzte Bürgermeister

Der letzte Bürgermeister von Straßburg.

Vaterländisches Drama in fünf Acten.

Mit einem Epilog aus der Gegenwart.

Von

Karl Biedermann.

Leipzig:
F. A. Brockhaus.
1871.

Das Recht zur Aufführung des Stückes ist durch Vereinbarung mit dem Verfasser zu erwerben.

Perſonen.

Dominic Diedrich, Ammeiſter (Bürgermeiſter von Seiten der Zünfte) von Straßburg.
Frau Diedrich, deſſen Ehefrau.
Gertrud, Beider Tochter.
Obrecht, Syndikus.
Walther Obrecht, deſſen Sohn.
Günzer, Stättemeiſter (patriziſcher Bürgermeiſter).
Wenkherr,
Hilmert,   } patriziſche Mitglieder des Rathes der Dreizehn.
Engelhardt,
Röttlin,
Feſt,
Wolfram,   } zünftige Mitglieder des Rathes der Dreizehn.
Werner,
Friſchmann, Reſident Ludwig's XIV. in Straßburg.
Ein franzöſiſcher Offizier.
Zunftmeiſter der Schneider.
Ein anderer Zunftmeiſter.
Erſter
Zweiter } Bürger.
Dritter
Ein Bote vom Reichstag.

Ein Diener Frischmann's.
Ein Rathsbote.
Mitglieder des Raths der Dreizehn. Bürger. Rathswaibel. Ein Diener Diedrich's. Französische Offiziere und Soldaten.

———

Ort der Handlung: Straßburg.
Zeit der Handlung: 1681.

Erster Act.

Erste Scene.

Marktplatz zu Straßburg. Rechts (von der Bühne aus) vorn das Rathhaus mit praktikabeln Thüren und einer breiten Auftreppe, links gegen den Hintergrund das Haus des Ammeisters Diebrich, ebenfalls mit einem praktikabeln Ausgange nach dem Platze. Im Hintergrunde der Münster sichtbar.

Vor dem Rathhause auf- und abgehend bewaffnete Bürger, unter ihnen Junker von Hilmert, Kaufmann Engelhardt, Schiffsherr Röttlin.

Engelhardt.
Wie lang' wol ist's, daß wir so Nacht für Nacht
Auf Wache zieh'n?

Hilmert.
               Nun, just so lang', als Diebrich
Im Rathe sitzt. Der hat's zuerst betrieben.

Röttlin.

Und das mit Recht, denn vor des Franzmanns Tücken
Und Ueberfall sind keine Nacht wir sicher.

Hilmert.

Das ist ganz schön! Nur freilich könnt' man sagen —
Ich sag' es nicht, doch hört' ich's öfters schon, —
Es sei das just der Weg, den Widerstand
Der Bürger zu ermatten, wenn sie so
Jahraus, jahrein, wer weiß, wie lange noch,
Allwöchentlich, zwei=, dreimal wachen müssen,
Von Haus und Hof, von Weib und Kindern fern.
Was könnte wol viel Schlimm'res uns begegnen,
Wenn wir französisch würden?

Röttlin.

Was? Ihr fragt?
Und könntet Ihr's ertragen, daß man uns
Zu Welschen machte, uns die heim'sche Sitte,
Wol gar den Glauben uns'rer Väter nähme,
Und diese Stadt, des Reiches stärkstes Bollwerk,
Dem Erbfeind uns'res Volks zu huld'gen zwänge?

Hilmert.

Nun, nun, Ihr stellt auch gleich das Schlimmste vor.
Wer denkt denn dran, katholisch uns zu machen?
Auch Keinem wird's verwehrt sein, wenn er's vorzieht,
Straßburgerisch zu welschen, statt parisisch.
Und mit dem Reich — das ist Euch so ein Ding;
Ein Jeder muß jetzund sich selber helfen.
Das Reich hilft Keinem. So, zum Beispiel, seht:

(Zu Engelhardt.)
Wenn Eure Waaren Ihr nach Deutschland führt,
So viele Länder sind, so viel mal müßt
Ihr Zoll entrichten. Wollt Ihr ostwärts geh'n,
Müßt Ihr durch badisch Land — da steht ein Schlag=
baum!
Gen Süden hin, in's Breisgau, g'rade so;
Und fahrt Ihr gar den schönen Rhein hinab,
Brandschatzt Euch baß, als vielgetreuer Nachbar,
Der sehr hochwürd'ge Fürstbischof von Spei'r.
Wär' unsre Stadt französisch, ei, so trieben
Wir freien Handel durch das ganze Land,
Bis zum Kanal und an's Biscay'sche Meer.
Und, Nachbar, sag' mir Einer, was er will:
Geschäft bleibt doch Geschäft und geht vor Allem!

Engelhardt.

Da habt Ihr freilich Recht; daß Gott erbarm'!
Mit uns'rem Handel wird es täglich schlechter.

Röttlin.

Meint Ihr, ich spür's nicht auch? Von zwanzig
Schiffen,
Die ich vordem befrachtet, liegen zehn
Mir jetzt im Hafen müssig. Aber dennoch,
Wie ich ein Deutscher bin, so will ich's bleiben,
Und Gott wird weiter helfen.

(Vom Hintergrunde kommen Schmied Wolfram und Zimmermeister
Werner in Amtstracht.)

Engelhardt
(auf sie zugehend).

Sieh, da kommen Herr Wolfram und Herr Werner. — Wie? In Amtstracht?

Zweite Scene.

Vorige. Wolfram. Werner.

Engelhardt.
Gott grüß' Euch, liebe Herrn, ist Sitzung heut'?
Wolfram.
Ja, freilich wol, seid Ihr noch nicht berichtet?
Röttlin.
Ich weiß von nichts.
Hilmert.
Ich auch nicht.
Röttlin.
Sagt, was gibt's?
Werner.
'S ist eine neue Botschaft da vom Frischmann;
Der König fordert, daß wir ihm die Schanze
Ausliefern, die den Zugang deckt zum Rhein.
Röttlin.
Welch unverschämte Forb'rung!

Engelhardt.
Und was, meint Ihr,
Soll ihm der Rath der Dreizehn drauf erwidern?
Wolfram.
Ging' es nach mir, man sendete dem König
Den Frischmann selbst mitsammt dem Brief zurück.
Werner.
Das mein' ich auch. Man darf's nicht länger dulden.
Engelhardt.
Ich bitt' Euch, liebe Herrn, seid nicht so hitzig!
Bedenkt das Wohl gemeiner Kaufmannschaft,
Die schon so lange schwere Drangsal leidet,
Und ganz verloren ist, wenn Ihr den Zorn
Des mächt'gen Nachbars reizet wider Straßburg.
Hilmert.
Den Zünften gilt das gleich. Sie wagen nichts.
Und wenn die Kaufmannschaft noch mehr verarmt,
Nur um so besser dann; so können sie
Noch mehr die Herren spielen in der Stadt.
Wolfram.
Wahrt Eure Zunge, Herr! Man kennt Euch wohl.
Ich sag' es Euch zur Warnung: Hochverräther
Straft unnachsichtig Straßburgs Bürgerschaft.
Hilmert.
Wen nennt Ihr Hochverräther?
Wolfram.
Wer die Stadt
Vom Reich abreißen und dem fremden Herrn

Ausliefern will. Ja, schon Verräther ist,
Wer insgeheim mit Frankreich unterhandelt.
Denkt Ihr, wir wissen nicht, was sich begibt?

Hilmert.
Ich will's Euch besser sagen: Hochverräther
Ist Euch ein Jeder, der nicht Euch, Ihr Herrn,
Demüthig huldigt; Patrioten seid
Ihr ganz allein mit Euren Spießgesellen.
(Zu Engelhardt.)
Kommt, gehen wir nach Haus! Die Wacht ist um.
(Hilmert und Engelhardt ab.)

Dritte Scene.

Wolfram. Werner. Röttlin.

Wolfram.
Hochnäsig', übermüthig' Volk der Junker!
Wie das sich wieder bläht seit kurzer Zeit!
Sie seh'n im Geiste schon die Stadt französisch,
Und träumen gold'ne Ketten, Ehrenstellen
Am Hof des großen Königs. Pfui der Schande,
Daß so etwas in Straßburg kann gescheh'n!

Röttlin.
So lang' der Diebrich führt das Regiment,
Soll's, denk' ich, damit gute Wege haben.

Wolfram.

Mit Eurem Diedrich! Das ist auch so Einer,
Nicht kalt, nicht warm, fein höflich allerwegs;
Der möcht's mit keinem Theile ganz verderben.

Köttlin.

Bei Gott! Der ist kein wahrer Freund der Stadt,
Wer des Ammeisters Anseh'n sucht zu schmälern,
Und Argwohn zwischen Haupt und Gliedern sä't.

Wolfram.

Ja, predigt nur Vertrau'n! Wir wissen's besser.
Es wird geheim verhandelt. Wollt Ihr's leugnen?
Und Diedrich läßt's gescheh'n.

Werner.

                Ich weiß noch mehr.
Der Obrecht selbst, des Diedrich bester Freund,
Verkehrt in Frischmann's Haus.

Köttlin.

                Das ist nicht wahr!

Werner.

So? Wißt Ihr's besser? Fragt den Diedrich doch!

Wolfram.

Ich sag's schon längst; wir brauchen ein Gesetz
Von blut'ger Strenge, um den ärgsten Feind
Im eignen Haus mit scharfem Streich zu treffen.
Doch davon will der Diedrich niemals hören.

Köttlin.

So hat er sicher dazu guten Grund.

Wolfram.

Ja freilich wohl; er weiß sich selbst nicht rein.
Allein, so wahr ich Wolfram heiße, länger
Soll er mir nicht entgeh'n. Noch heute bring' ich
Den Antrag ein im Rath. Dann woll'n wir seh'n,
Wer wird dagegen stimmen, wer dafür.
Das Volk soll wissen, wem es darf vertrau'n,
Wer's ehrlich mit ihm meint, wer nicht. Wir brauchen
In jetz'gen schweren Zeiten ganze Männer,
Nicht höfisch feine Leut' und Achselträger.
(Zu Röttlin.)
Ihr kommt doch mit zur Sitzung?

Röttlin.

Später erst;
Ich muß zuvor daheim zum Rechten seh'n.
(Ab.)

Vierte Scene.

Vorige ohne Röttlin.

Wolfram.

Das ist auch just so Einer, der sich gern
Bei Seite drückt, wo's kühn zu handeln gilt.

Werner.

Laßt sie nur geh'n! So stürzen sie sich selbst,
Und sparen uns die Mühe, sie zu stürzen.

Wolfram.
Der Diedrich ist vom Grund aus mir verhaßt.
Wie vornehm thut er, wie voll Weisheitsdünkel!
Er däucht sich unentbehrlich, doch es gibt
Noch and're Leute für dies Amt in Straßburg.
Werner.
Ja wohl! Ich wüßt' schon Einen.
Wolfram.
 Laßt das jetzt!
Doch wegen des Gesetzes — seht, so mein' ich:
Wer nur von Uebergabe spricht an Frankreich,
Wird ausgewiesen, und sein Gut verkauft
Zum Besten von der Stadt gemeinem Seckel.
Wer aber überführter Maßen gar
Darob verhandelt hat, mit wem's auch sei,
Der stirbt durch Henkershand, und seine Sippschaft
Sei aus der Stadt verbannt für alle Zeiten.
Laßt seh'n, ob diese Junker dann noch länger
Der Kitzel stechen wird, mit Frankreichs Macht
Uns zu bedroh'n und sich als uns're Herrn
In König Ludwig's Namen zu geberden.
Werner.
Und hofft Ihr, Euren Antrag durchzubringen?
Wolfram.
Dagegen stimmen kann nur, wer sich selbst
Als Frankreichs Freund bekennt und Land'sverräther.
Auf denn! Hinein und unverzagt ans Werk!
(Beide ab ins Rathhaus.)

Fünfte Scene.

Es kommen Rathsherren von verschiedenen Seiten und gehen in's Rathhaus. Aus dem Hintergrunde kommt Diedrich, von links Obrecht; beide begegnen sich.

Diedrich
(auf Obrecht zugehend).

Gott grüß' Euch, Obrecht! Gut, daß ich Euch treffe!
Laßt mich ein Wort Euch sagen, ehe wir
Hinein zur Sitzung geh'n!

Obrecht.
Recht gern! Was soll's?

Diedrich.
Obrecht! Schon lange sprachen wir nicht mehr
Vertraulich miteinander, so wie sonst.
Wir waren Freunde; können wir's denn nicht
Auch ferner sein? Und ist wol jetzt die Zeit,
Daß sich Vereintes trenne, wo Getrenntes
Zum Heil des Ganzen sich vereinen sollte?

Obrecht.
Und ist's denn meine Schuld, wenn uns're Wege,
Die sonst geeinten, jetzt sich feindlich scheiden?
War't Ihr's nicht, der zuerst im Rath der Dreizehn
Mit harter Rede herrisch mich gescholten,
Gleich einem Landesfeind und Hochverräther,
Weil frei ich meines Herzens Meinung sagte?

Diedrich.
Verzeiht mir, wenn ich's that! Ihr wißt es wohl,
Mein Sinn ist heftig, und des Vaterland's
Stets wachsende Bedrängniß treibt mir rascher
Das Blut zum Kopfe. Doppelt reizte mich
Des Freundes Widerspruch. Die Noth der Stadt,
So meint' ich, müßt' uns alle einig finden.

Obrecht.
Und gibt's nur Einen Weg, die Stadt zu retten?
Kann man ein guter Patriot nicht sein,
Und dennoch and're Bahnen geh'n, als Ihr?

Diedrich.
Nur jene nicht, die Ihr uns führen wolltet.
Vertrag mit Frankreich ist Verrath am Reich,
Und dazu biet' ich nimmer meine Hand!

Obrecht.
Wie Ihr gleich wieder aufbraust! Könnt Ihr mich
Nicht ruhig hören?

Diedrich.
Wohl! So redet denn!

Obrecht.
Ihr sprecht vom Reiche! Wollt Ihr denn nicht seh'n,
Was jeder sieht, der off'ne Augen hat?
Wie? Dieses Deutschland, das im Todeskampf
Mit letzter Kraft sich selber nur zerfleischt,
Für jeden äußern Feind, dem's danach lüstet,
Ohnmächtig, eine Beute, hingestreckt,
Das sollte dem Gewalt'gen widersteh'n,

Vor dem Europa's stärkste Reiche zittern? —
Ihr wißt es wohl, nicht als Unkundiger
Sprech' ich von solchen Dingen. Nur zu oft
Zwang mich des Amtes traur'ge Pflicht, geschäftig
Der Großen lauten Händeln und der Staatskunst
Geheimnißvollen Wegen nachzugeh'n.
Ich hab' die Stadt am Reichstag lang' vertreten,
Und noch beim jüngsten Friedensschlusse zu
Nymwegen, hab' als Abgesandter Straßburgs
Ich unf'rer Freiheit warm das Wort geredet.
Da lernt' ich Vieles, was im engen Umkreis
Der städt'schen Mauern uns verborgen bleibt.
O, hättet Ihr geseh'n, wie siegreich dort
Des jugendlichen Königs heller Glücksstern
Die Feinde Frankreichs ihm zu Füßen legte —
Verwirrt, geblendet, wie von Furcht gelähmt —
Wie deutsche Fürsten buhlten um die Gunst
Der Abgesandten Ludwig's. — Wahrlich! Diedrich,
Ihr dächtet selber nicht an Widerstand.

Diedrich.

Und dennoch thät' ich's. Mögt Ihr Recht auch haben,
(Und leider habt Ihr's nur zu sehr, ich weiß es)
Daß jetzt das Reich zerrissen, schwach, gelähmt
Durch seiner Stände Zwietracht oder Feigheit —
Doch, wär's selbst möglich, könnten Deutschlands
       Fürsten
Das Reich und uns verlassen in der Noth —
Noch glaub' ich's nicht, ich kann's und mag's nicht
       glauben —

Doch, käm's auch so und ständen wir allein,
War nicht schon einmal deutscher Bürger Kraft
Und deutscher Städte Macht sich selbst genug?
Obrecht.
Sie waren's! Ja! Doch zeigt mir jetzt die Bürger,
Die Alles setzen an des Ganzen Rettung,
Die nicht in feiger Angst ums eig'ne Wohl,
In gier'ger Hast nach kleinlichem Gewinn
Eh'r heut' als morgen Stadt und Reich verkaufen!
Diedrich.
Ich mag's nicht hören, daß so schnöder Argwohn
Sich wagt an Straßburgs wack're Bürgerschaft.
Obrecht.
Nun freilich, seid Ihr doch das Haupt der Stadt,
Und mehr als das, der Abgott dieses Volks.
Ihr dürft nicht dulden, daß man die ernied're,
Die Euch erhöh'n, und table, die Euch schmeicheln.
Diedrich.
Ihr neidet mir die Macht, die das Vertrau'n
Der Bürgerschaft auf meine Schultern legte,
Mehr eine Last, als einen Ehrenschmuck.
Wie gern entsagt' ich ihr, wie neidlos säh' ich
Euch selbst damit an meiner Statt bekleidet!
Allein ich darf nicht. Obrecht! Laßt noch einmal
Mich offen zu dem alten Freunde sprechen!
Ihr wißt es, falscher Stolz war stets mir fremd.
Doch sag' ich Euch: Kann Einer Straßburg retten,
So kann nur ich's. Mir traut die Bürgerschaft;

Die Zünfte folgen willig meinem Rath;
Ich kann vielleicht noch der Parteien Zwist,
Die seit Jahrhunderten sich blutig hassen,
Im Angesicht der allgemeinen Noth,
Wenn nicht versöhnen, doch verstummen machen,
Und so den Feind, der schon durch uns're Zwietracht
Zu siegen hofft, um seinen Raub betrügen.

Obrecht.

Nun wohl denn, Offenheit um Offenheit!
Ihr überschätzet Eurer Kräfte Maß.
Nicht Ihr, und keiner hemmt die mächt'ge Strömung,
Die uns vom Reiche fort nach Frankreich reißt,
Gleichwie der Rhein die losgespülte Scholle
Von einem Ufer hin ans and're schwemmt.
Schon seit Jahrzehnten seh' ich uns're Stadt,
Wie von der Riesenschlang' ein klein Gethier,
In immer enger pressender Umschlingung
Von diesem Frankreich bis zum Tod bedrängt.
Ich seh' sie ringen mit der Uebermacht,
Und ringend selbst nur tiefer sich verstricken,
Und matter stets und immer matter werden,
Bis ihr der letzte Athemzug entgeht.
Des Handels Adern trocknen langsam aus;
Des Friedens Künste liegen tief darnieder;
Ein lärmend' Waffenlager nur ist Straßburg.
Verschuldet ist die Stadt, verarmt der Bürger.
Was wird das Ende sein? Man wird als Gnade
Der Unterwerfung hartes Joch empfangen,

Da man noch jetzt um guten Preis die Freiheit
Losschlagen könnte zu des Ganzen Vortheil.

Diedrich.

Laßt uns abbrechen! Jedes weit're Wort
Erweitert nur den unheilvollen Riß,
Der zwischen Euch und mir sich aufgethan,
Und den ich gern — der Himmel sei mein Zeuge! —
Mit meinem Herzblut selber kitten möchte.
Wohl, Obrecht, sprecht im Rathe gegen mich!
Versucht's, den Sinn der Bürgerschaft zu wenden!
Nur Eines bitt' ich und beschwör' ich Euch
Um uns'rer alten Freundschaft willen, Obrecht:
Geht nicht geheime Wege! Macht es nicht
Wie die von den Geschlechtern! Unterhandelt
Nicht mit dem Frischmann! Spielt ein offnes Spiel!
Das ist nichts Gutes, was das Licht muß scheu'n.
Und mit gerechtem Haß brandmarkt das Volk
Die, so im Dunkeln schleichen, als Verräther!

(Rasch ab ins Rathhaus.)

Sechste Scene.

Obrecht allein.

Obrecht.

Wie schmerzt es mich, daß ich ihn täuschen muß!
Er meint es gut, allein ich kann nicht anders.
Nein, Diedrich, wahrlich, ich bin kein Verräther!

Mich treibt nur Straßburgs Vortheil, nicht der meine.
Du kannst die Stadt nicht retten, nur verlängern
Den Todeskampf, in dem sie sich verzehrt,
Und größ'res Unheil über sie und dich
Durch machtlos eit'len Trotz heraufbeschwören.
Und thu' ich Unrecht, wenn ich dies verhind're?
Nimmt man die Fackel doch aus dessen Hand,
Der sie traumwandelnd schwingt, das eig'ne Haus
Und Alles rings mit lohem Brand bedrohend.
Du dankst mir's einst noch, daß ich so gehandelt,
Und, ist gelungen erst, was ich gewollt,
So wird das Mittel auch Verzeihung finden. —
Doch, wenn mich Frischmann täuschte, wenn als
Werkzeug
Er nur mich brauchte, um den Widerstand
Der Bürgerschaft zu lähmen durch Parteiung,
Und, hätt' er erst sein boshaft Werk vollbracht,
Dann widerriefe, was er zugesagt!
Hier muß ich sicher geh'n! Noch sprach ich nicht
Mein letztes Wort, und eh'r nicht werd' ich's sprechen,
Als bis ich feste Bürgschaft von ihm habe,
Daß der Vertrag uns auch gehalten wird.
Noch einmal denn zu ihm! Mag doch indeß
Der Rath der Dreizehn ohne mich berathen!
Denn, leider, dort, nicht hier, liegt Straßburgs
Zukunft.
(Ab.)

Siebente Scene.

Diedrich und Wolfram, aus dem Rathhaus tretend.

Diedrich.

Ich bitt' Euch, stehet ab von Eurem Plan,
Und rufet nicht die finstern Geister wach,
Die kaum erst mühsam wir in Schlummer wiegten!
Macht nicht die Furcht zur Herrin dieser Stadt,
Und nicht den Schrecken nehmt zum Bundsgenossen!

Wolfram.

Ihr singt nur immerfort das alte Lied,
Das wir zu hören längst schon müde sind.
Ja, schon't nur unf're Feinde, schonet sie
So lang', bis über uns sie triumphiren,
Und seht dann zu, wie sie uns schonen werden!
Und sind's denn unf're Feinde nur allein?
Sind's nicht die Feinde des gemeinen Wesens,
Sind's nicht dieselben, welche unf're Stadt
Ausliefern möchten an den fremden Herrn,
Und ihm den Zugang öffnen in das Reich?
Theilhaftig macht Ihr selbst Euch solcher Schuld,
Wenn Eure Milde den Verrath ermuthigt.

Diedrich.

Läg' unf're Hoffnung nur in jäher That,
Denkt Ihr, ich wär' der Mann nicht, sie zu wagen?
Doch, glaubet mir, so steh'n die Dinge nicht.

Nur weise Vorsicht, klugbedächtig Handeln
Bringt uns vielleicht noch Rettung aus der Noth.
Wolfram.
Mit Eurer Weisheit! — Laßt die unsern Gegnern!
Die mögen diplomat'sche Ränke spinnen,
Und hin und her verhandeln fein und pfiffig.
Das Volk verlangt ein offen, ehrlich Spiel.
Diedrich.
Daß ich es ehrlich meine, weiß das Volk;
Wenn es mir traut, so laß' es mich gewähren!
Wolfram.
Ihr könnt das Haupt der Stadt nicht länger sein,
Wenn Eure Milde den Verrath ermuthigt.
Diedrich.
Nicht Euch allein, der ganzen Bürgerschaft
Dank' ich dies Amt, und ihr, nicht Euch, geziemt's,
Mich für mein Thun zur Rechenschaft zu fordern.

Achte Scene.

Werner, rasch aus dem Rathhaus kommend. Vorige.

Werner.
Kommt rasch hinein und geht an's Stimmen=
sammeln!
Der Obrecht fehlt; man hat nach ihm geschickt.

Wenn er nicht kommt, so steh'n wir sechs zu sechs,
(zu Diedrich)
Und Eure Stimme gibt den Stichentscheid.
Wolfram.
Er will nicht mit uns stimmen.
Werner.
Was? Er will nicht?
Er, der uns schützen soll, will uns verrathen?
Nein, Diedrich, saget Nein! ich kann's nicht glauben.
Diedrich.
Glaubt's immerhin! Ihr wollt im blinden Eifer
Den Gegner treffen, und Ihr sehet nicht,
Wie dies Gesetz, ein zweigeschliffnes Schwert,
Die schärf're Schneide wider uns wird kehren?

Neunte Scene.

Röttlin, ebenfalls aus dem Rathhaus kommend. Vorige.

Röttlin
(zu Diedrich).
Ich bitt' Euch, Diedrich, sagt, was ist's mit Obrecht?
Die drinn von den Geschlechtern höhnen laut:
Der Obrecht sei französisch, und Ihr würdet
Drum nie dem Antrag Eure Stimme geben.
Wolfram.
Da hört Ihr's nun! Hab' ich's nicht längst gesagt?

Dietrich.
Es ist nicht — kann nicht sein!
Wolfram.
Wohlan! Beweist,
Daß es Verleumbung, stimmt für das Gesetz!
Diedrich
(in großer Erregung auf und ab gehend, für sich, nach dem Rath-
haus deutend).
Sie zwingen mich, den Blitzstrahl zu entfesseln,
Der ihre schuld'gen Häupter treffen wird,
Doch auch in Flammen setzen diese Stadt.
O könnt' ich anders! Doch, mich länger weigern,
Heißt Recht dem Argwohn geben. Darf ich wol
Mit eig'ner Hand den Talisman zerbrechen,
Womit ich dieses Volkes Herzen lenke,
Und steuerlos das Schiff den Stürmen weih'n? —
Und Obrecht — wenn er wirklich schuldig wäre!
Noch, hoff' ich, ist er's nicht, und warnen wird
Ihn vor dem Fehl die Strenge des Gesetzes.
Doch, wär' es schon zu spät — mehr als der Freund
Gilt mir die Stadt, und, wo die Pflicht gebeut,
Da muß des Herzens sanfte Stimme schweigen!
(Laut zu den Andern.)
Wohlan! Ihr sollt es haben, das Gesetz!
Wolfram.
Jetzt endlich seid ihr wieder, was Ihr sollt.
Diedrich.
O jubelt nicht! Es ist ein traur'ger Sieg,
Den Thorheit hier dem Wahnsinn abgewinnt.

Ich folge widerstrebend nur der Noth;
Klar seh' ich ein, daß, was ich auch erwähle,
Der theuren Stadt ein schwer Verhängniß droht.
Hilf Gott, daß ich des rechten Wegs nicht fehle!

(Rasch ab ins Rathhaus, die Andern folgen ihm.)

(Der Vorhang fällt.)

Zweiter Act.

Erste Scene.

Zimmer in Diedrich's Haus. Vorn links ein Fenster. Frau Diedrich, Gertrud, beide im Vordergrund sitzend, mit weiblichen Arbeiten beschäftigt.

Gertrud.
Der Vater bleibt heut' länger aus, als sonst.

Frau Diedrich.
's ist eine wicht'ge Sitzung wol im Rath.

Gertrud.
Was mag es sein?

Frau Diedrich.
   Wer weiß? Die ernste Zeit
Bringt oft gar plötzlich Neues, selten Gutes.
   (Aufstehend.)
Ich hab' noch 'was zu schaffen. Kommt der Vater,
So suche flugs mich auf und sag' mir's an!
  (Ab.)

Zweite Scene.

Gertrud (allein).
(Ans Fenster tretend.)

Was es nur geben mag? Neugierig Volk
Hat rings den Platz umstellt und drängt zum Rathhaus.
(Vom Fenster zurücktretend und ihre Arbeit wieder aufnehmend.)
Wenn's nur nichts ist, was auf des Vaters Stirn,
Die schon bewölkte, neue Schatten wirft,
So kümmert's wenig mich. Zwar sagt die Mutter:
Es ziem' den Frauen, auch auf das zu achten,
Was in der Männer Rath verhandelt wird.
Doch denk ich so: Säß' nicht der Vater drin,
Sie würde sich wol wenig darum kümmern.
Wer weiß, es kommt einst auch für mich die Zeit,
Wo ich gespannter'n Blickes dorthin schaue.
Doch hat's noch gute Weil'!
(Man hört klopfen.)
Wer kommt? Herein!

Dritte Scene.

Walther. Gertrud.

Walther.

Gott grüß' Euch, Gertrud! Kennt Ihr mich wol noch?

Gertrud
(ihm die Hand reichend).

Wie, Walther, Ihr? — Herr Obrecht, wollt' ich
sagen.
(Eine halb ernste, halb neckische Verbeugung machend.)

Walther.

O, gönnet mir die trauliche Benennung,
Die mich an unvergeß'ne Tage mahnt!
Sind wir denn nicht mehr, die wir einst gewesen?
Nur ein paar Jahre älter und gereifter,
Und, Gertrud, Ihr viel schöner noch, als sonst.

Gertrud.

Ihr lerntet schmeicheln in der Fremde draußen.

Walther.

Nein, wahrlich nicht! Auch ist's viel wen'ger das,
Was mich erfreut, daß ich so schön Euch finde,
Als daß so unverändert Euer Wesen
Die alte Herzigkeit und Güte strahlt.

Gertrud
(sich wieder an ihre Arbeit setzend, auf einen Schemel deutend).

Wollt Ihr Euch zu mir setzen, so wie sonst,
Und mit mir plaudern, bis die Eltern kommen?
Wie? Oder seid Ihr jetzt zu hochgelahrt
Für solch geschwätzig albern Ding wie ich?

Walther
(einen Schemel nehmend und sich zu ihr setzend).

O Gertrud! Schöne Zeiten waren's doch,
Da wir als Kinder bald in Eurem Garten,

Bald in dem unsern nachbarlich uns trafen,
Da unf're Freundschaft mit uns wuchs und reifte,
Bis mich des Lebens ernst gemeſſ'ne Pflicht
Weit fort von Euch und von der Heimat trieb.
Wie hab' ich oft mich draußen sehnsuchtsvoll
Zurückgeträumt in diese süßen Stunden!

Gertrud.

Doch saht Ihr in der Fremde Schön'res wol,
Als hier in unserm alten finstern Straßburg,
Manch' ander Städtchen und manch' ander Mädchen,
Wie man im Reiche drauß' zu sagen pflegt.
Gesteht es nur!

Walther.

Des Neuen sah ich viel —
In Frankreich erst, und dann in Deutschland auch.
So mancher Hofstatt lustiges Gepränge
Ließ ich an meinem Blick vorübergehn.
Dann wieder zog's den wissensdurst'gen Geist
Zu der Gelehrsamkeit berühmten Sitzen.
Am liebsten doch verweilt' ich immer dort,
Wo freier Bürger tücht'ge Schaffenskraft
Das eig'ne Haus und das der Stadt bestellte.
Dort wehte mich der Heimat süßer Odem,
Dort des verwandten Geistes Hauch mich an.
Doch, Gertrud, Manches sah ich auch, was mich
Mit Sehnsucht halb, und halb mit freud'gem Stolz
Der eig'nen Vaterstadt gedenken ließ.

Gertrud.

Neugierig macht Ihr mich. Ich wußt' es nicht,

Daß wir hier Schätze bergen, welche drüben
Im großen deutschen Reiche man vermißt.
Walther.
O viele, viele, und gar köstliche:
Die alte traute Sitte uns'res Volks,
Die zücht'ge Tracht, der Sprach' urkräft'ge Laute —
Dies Alles, was wir sorgsam neidisch hüten
Gleich einem heil'gen Pfand und Talisman,
Ich sah es dort mißachtet, ja verhöhnt
Und welscher Modethorheit preisgegeben.
Selbst in die alten stolzen Bürgersitze
Von Augsburg, Nürnberg, Ulm und and're mehr
Hielt schon der Feind den kecken Siegeseinzug.
Gertrud.
Ist's möglich, und man schämt sich nicht der Schmach,
Dem Fremden nachzuäffen? Nein, da steht's
Bei uns doch besser. Zwar, 's gibt Ein'ge wol,
Die möchten gern das welsche Wesen auch
Hier heimisch machen, doch die lacht man aus,
Und, rückt der Franzmann uns schon täglich näher,
Wir bleiben, was wir sind — just ihm zum Trotz!
Walther.
Wie lieb' ich drum mein altes gutes Straßburg!
Wie schlug das Herz mir hoch, da ich von fern
Des Münsters stolzen Prachtbau ragen sah!
Wie jubelt' ich, als in den düstern Straßen
Die wohlbekannte vaterländ'sche Tracht
Mein Aug' erquickte! Selbst die rauhen Töne

Der heim'schen Mundart däuchten Wohllaut mir,
Verglichen mit dem zierlichen Gelispel
Halbfremden, kauderwelschen Sprachgemenges,
Das drüben oft mein deutsches Ohr beleidigt.

Gertrud.
Ich dank' Euch, Walther!
(Ihm die Hand reichend.)
Euer warmes Lob
Macht mir die theure Vaterstadt nur theurer.
Wohl hab' ich thöricht Mädchen oft gedacht,
Es müsse doch viel schöner sein da draußen,
Als hier in dieser krummen Gassen Enge,
Und hinter unsern hohen, finstern Mauern.
Von diesem Wahn bin ich durch Euch geheilt.

Walther.
O glaubt mir, erst im fremden Lande lernt man
Der eig'nen Heimat ganzen Werth erkennen,
Und kehrt mit doppelt heißer Liebe heim
Zum Vaterhaus (ihre Hand fassend) und zu den alten
Freunden.

Gertrud.
Jetzt freilich denkt Ihr so; doch wird's auch lange
Euch hier behagen? Wird's nicht bald auf's Neu'
Hinaus Euch locken in die luft'ge Ferne?

Walther.
Das, Gertrud, liegt zumeist in Eurer Hand.

Gertrud.
In meiner Hand? Was könnt' wol ich dazu?

Walther.

Ach, Gertrud! Weißt Du's noch, wie oftmals wir
Im kind'schen Spiel als Bräutigam und Braut
Mit Ring und Kuß uns feierlich verbanden?
Was damals fern uns schien — jetzt ist es nah';
Was dort ein Scherz nur war, das kann ein Wort
Aus Deinem Mund in heil'gen Ernst verwandeln.
O, Gertrud, meine Gertrud, sprich dies Wort!

Gertrud (aufstehend).

Ihr überrascht mich, Walther! Doch — ich kann
Mich nicht verstellen, kann nicht zierig thun;
So laßt mich Euch bekennen, daß auch ich
Sehnsüchtig oft der schönen Zeit gedacht,
Wo wir uns liebten, ohn' es selbst zu wissen.
Und als Ihr vorhin, ganz wie ehedem,
Mit alter Freundschaft mir entgegentratet,
Da fühlt' ich recht, wie tief auch Euer Bild
Auf meiner Seele stillem Grunde ruht,
Und jeder Macht und jeden Wandels spottet.

Walther.

O, wie mich dies Geständniß hoch beseligt!
Oft zittert' ich, wenn ich in weiter Ferne
Dran denken mußte, daß ich Dich vielleicht
Nicht wiederfände, wie ich Dich verließ,
Gleichgültig, kalt geworden gegen mich,
Ach, oder gar als eines Andern Braut.

Gertrud.

Auch mich hat gleiche Sorge oft gepeinigt.

Walther.

Das ist vorüber nun; (sie umfassend) ich halte Dich
In meinem Arme fest, und, walt' es Gott,
So soll uns nichts auf Erden je mehr scheiden!

Gertrud (sich von ihm losmachend).

Ich hör' die Mutter kommen.

Walther.

      Laß' uns offen
Ihr unf'rer Liebe junges Glück vertrau'n;
Sie wird beim Vater dann das Wort uns reden.

Vierte Scene.

Frau Diedrich. Vorige.

Walther (auf Frau Diedrich zugehend).

Frau Diedrich, seid von Herzen mir gegrüßt,
Und heißt in Straßburg freundlich mich willkommen!

Frau Diedrich.

Schön Dank, Herr Obrecht! Oder darf ich Euch
Noch Walther nennen, so wie ehedem?

Walther.

Ich bitt' Euch drum.

Frau Diedrich.

    Wie seid Ihr männlich worden!

Wie kräftig schaut Ihr aus. Gut, daß Ihr da seid!
Es braucht der Männer in so schwerer Zeit.

Walther.

So dacht' ich auch, drum kehrt' ich schneller heim.

Frau Diedrich.

Ihr werdet Manches hier verändert finden.

Walther.

Doch noch weit mehr, so hoff' ich, ganz wie sonst. —
Was macht Herr Diedrich, Euer Eh'gemahl?
O, wüßtet Ihr, wie man ihn draußen ehrt!
„Das ist der Mann, der Straßburg uns erhält!"
So hört' ich oft am Kaiserhofe sagen.
Wie fühlt' ich mich so glücklich dann, so stolz,
Daß ich mich rühmen durfte: Dieser Diedrich
Ist meines Vaters Freund und mir wie Vater!

Frau Diedrich.

Er ist der Alte noch. Der Zeiten Noth
Hat zwar mit Sorgen seine Stirn gefurcht,
Doch seinen tapfern Sinn nur mehr gestählt.

Walther.

Wie sehn' ich mich, vor seines Blickes Klarheit
Des eig'nen Herzens bange Zukunftszweifel
Wie Nebel vor der Sonne flieh'n zu seh'n!
Als Knabe schon hab' ich begeist'rungsvoll
Zu ihm emporgeschaut. Den Jüngling drängt's,
Nacheifernd seine Größe zu verehren.

Frau Diedrich.

Und Euren Vater — sagt, wie traft Ihr ihn?
Wir sah'n ihn lange nicht; er hält sich fern.

Walther.

Ich sprach ihn kaum noch recht seit meiner Rückkehr.
Vergeb' er mir's, mich trieb mein Herz hierher,
Euch, meine zweite Mutter, und Herrn Diedrich,
Und — meine liebe Gertrud zu begrüßen.

Frau Diedrich.

Ich dank' Euch, Walther! (Ihm die Hand reichend.) Solche
feste Treu'
Thut doppelt wohl in diesen bösen Tagen,
Die, ach, so manches theure Band gelockert!

Walther.

Das schöne Band, das uns're Häuser eint,
Soll, will's der Himmel, keine Zukunft lösen,
Nur fester stets und immer fester schürz' es
Die gleiche Noth, der gleiche treue Sinn.
Und — daß ich's offen Euch gesteh', Frau Diedrich —
Es enger noch zu knüpfen, bin ich hier.

Frau Diedrich.

Erklärt Euch näher.

Walther.

Nun denn — ohne Umschweif'!
Gebt meine liebe Gertrud mir zum Weib!
Ich hab' gesammelt auf der langen Reise
Mit ernstem Geist, mit unverdross'nem Sinn,
Was, hoff' ich, meiner theuren Vaterstadt

Und was mir selber gute Frucht mag tragen.
Doch, soll mit frohem Muth ich draußen schaffen,
Muß mir daheim ein sichres Glück erblüh'n,
Am eig'nen Herd die holde, wack're Hausfrau.
(Gertrud bei der Hand fassend.)
Wir kennen uns von früher Kindheit an,
Ich finde sie so lieb und gut wie immer,
Und ich auch bringe, glaubt mir, unverändert
Mein ehrlich altstraßburgisch Herz zurück.

Frau Diedrich.
Ihr wißt ja, Walther, wie ich Euch von je
Gleich einem eig'nen Sohne werth gehalten,
Seit Eure Mutter Euch so früh verstarb.
Gern würd' ich meines theuren Kindes Los
In Eure treue Hand vertrauend legen.
Was meinst Du, Gertrud? Möcht'st Du's mit ihm
wagen?

Gertrud.
Je nun, er wird nicht besser sein, als And're,
Doch auch nicht schlimmer just.

Walther.
    Du böse Gertrud!
(Zu Frau Diedrich.)
O Dank, Frau Diedrich, nun mir zwiefach Mutter!

Frau Diedrich.
Doch die Entscheidung steht beim Vater nur.
Ihr mögt ihn hier erwarten. Seht, da kommt er!

Fünfte Scene.

Diedrich. Vorige. Diedrich tritt langsam ein — bleich, verstört.

Frau Diedrich (ihm entgegen).

So bist Du endlich da! Du bliebest lang',
Und bringst uns keine frohen Mienen mit.

Diedrich.

Die ernste Zeit verlangt den ganzen Mann,
Und nur des Herzens Spiegel ist das Antlitz.

Frau Diedrich (auf Walther zeigend).

Sieh' hier, ein werther Gast, der dich erfreun wird.
Du kennst ihn doch?

Walther
(Diedrich die Hand entgegenstreckend).

Laßt mich die Hand Euch drücken!
Wie hab' ich lange mich danach gesehnt!

Diedrich
(kalt abweisend, ohne Walther's Hand zu erfassen).

Was führt Herrn Obrecht's Sohn in Diedrich's Haus?

Walther (betroffen).

Das kann Euch Wunder nehmen? War doch stets
Dies Haus mir theuer gleich dem Vaterhause,
Und theurer noch, so hoff' ich, soll mir's werden.

Frau Diedrich.

Er wirbt um unsrer Tochter Gertrud Hand;

Ich gab ihm Hoffnung, doch verwies ich ihn
An Dich, des Hauses Haupt, mit der Entscheidung.

Diedrich.
Ihr wählt die Zeit für Eure Werbung schlecht.

Walther.
Ich weiß es wohl, der Zeiten schwerer Ernst
Stimmt zu der Liebe heitrem Spiele nicht;
Doch dacht' ich so: es thut wol doppelt Noth
In der Gefahr dem Mann des Weibes Liebe,
Dem Weib des Mannes Stütze. Leichter trägt
Gemeinsam sich das Leid, und auch das Aergste
Dünkt minder hart den treuverbund'nen Herzen.

Diedrich.
Hat Euer Vater Euch den Spruch gelehrt?

Frau Diedrich (Diedrich umfassend).
Was ist Dir, Diedrich? Welches gräßliche
Geheimniß drückt beklemmend Dir die Brust?
O, sprich es aus! Nicht schlimmer kann es sein,
Als dieses furchtbar grauenhafte Schweigen.

Diedrich.
Warum auch soll ich's bergen? Läuft die Kunde
Doch schon geschäftig durch die ganze Stadt,
(zu Walther)
Daß Euer Vater zum Verräther ward
An Straßburgs Freiheit und an unsrer Freundschaft.

Walther.
Mein Vater ein Verräther? Nein! Unmöglich!

Diedrich.
Daß er an Uebergabe denkt, das weiß ich
Aus seinem eig'nen Mund. Doch hielt ich ihn
Zu wohlgesinnt, um des Gesetzes Weg
So sträflich zu verlassen. Heute noch,
In dieser Stunde noch beschwor ich ihn
Bei unf'rer Freundschaft, nicht durch Heimlichkeit
Sich selber bösem Argwohn auszusetzen.
Nun ist's gescheh'n, und nicht den Freund allein
Hat er in mir mißachtet und verletzt;
Auch meines Amtes Kraft, mein eigen Anseh'n
Ist schwer gekränkt, denn sein Verkehr mit Frank=
reich —
Weil er mein Freund und mein Vertrauter war —
Wird mir von meinen Feinden angerechnet.

Walther.
Und seid Ihr seiner Schuld gewiß? Ist nicht
Ein Irrthum denkbar?

Diedrich.
    Wollte Gott, er wär's!
Allein nicht Wolfram's blinder Eifer nur
Verklagt ihn solcher That. Ein stärker Zeugniß
Spricht wider ihn. Die Häupter der Geschlechter,
Da Wolfram sie als Freunde Frankreichs schalt,
Sie riefen Eures Vaters altes Anseh'n
Mit kecker Stirn für ihre Meinung an.
Auch das gab dem Verdachte neue Kraft,
Daß Euer Vater heut' im Rathe fehlte.

Walther.
Ich geh', ihn aufzusuchen. Gebe Gott,
Daß nur ein falscher Schein ihn hat verklagt!
Denn, wenn es sich verhielte, wie Ihr glaubt,
Wär' ihm ein Sohn, ein Vater mir verloren;
Und auch aus diesem Paradiese müßte
Sich eines solchen Vaters Sohn verbannen.

Frau Diedrich.
Noch laßt der bessern Ahnung uns vertrau'n!
Geht, Walther, bringt uns den verlor'nen Freund,
Der guten Sache einen wackern Streiter,
Und neue Hoffnung Eurer Lieb' zurück!

Gertrud.
Ich habe keine. Ach, mir sagt's mein Herz:
Wir scheiden jetzt, um nie mehr uns zu finden.

Walther.
Ich kehr' mit guter Botschaft, oder nimmer!
(Ab.)
(Gertrud sinkt weinend an ihrer Mutter Brust.)

Sechste Scene.
Vorige, ohne Walther.

Diedrich.
Gott tröste Dich, (Gertrud auf die Stirn küssend) mein
armes, liebes Kind!
(Frau Diedrich mit Gertrud ab.)

Siebente Scene.

Diedrich allein.

Diedrich.
Ich fürchte, nur zu klar ist Obrecht's Schuld!
Zu spät kam meine Warnung. Und mir sagt' er
Kein Wort davon! So abgewandt von mir
War schon sein Herz, daß er den alten Freund
So täuschen konnte! Was ist Freundschaft doch,
Wenn sie in solcher Probe nicht besteht?
Und war es nicht genug, daß dieser Schlag
Mein Herz zerfleischend traf? Er mußte auch
Die Treuverbund'nen von einander reißen!
Ach, Obrecht, Obrecht! Deine finst're That,
Sie wächst und schreitet fort lawinengleich,
Und, wie sie schon Dein eigen Haus und meines,
Und unf'rer Kinder Glück verschüttet hat,
So wird sie mit vernichtender Gewalt
Auf diese Stadt zerschmetternd niederfallen!
(Langsam durch den Hintergrund ab.)
(Verwandlung.)

Achte Scene.

Galerie in Frischmann's Hause. — Frischmann und Obrecht kommen im Gespräch.

Obrecht.
Ihr täuschet Euch in mir, Herr Resident,

Wenn Ihr mich fähig glaubt, um solchen Preis
Die Stadt in Eure Hand zu übergeben.

Frischmann.
Um solchen Preis? Was könnt Ihr mehr denn
wünschen?
Verhieß ich Euch nicht meines Königs Gunst
Und hohe Ehren, wenn der Plan gelänge?

Obrecht.
Wann gab ich jemals Euch das Recht, so niedrig
Von mir zu denken, daß um meinen Vortheil
Die Freiheit Straßburgs mir verkäuflich sei?

Frischmann.
Das nennt Ihr: niedrig denken, wenn ich Euch
Als klugen Mann taxire? Sei'n wir offen!
Ein jeder dient, indem er einem Ganzen
Zu dienen scheint, zuletzt doch nur sich selbst.
Ihr wollt den Vortheil Eurer Stadt, wie ich
Den meines königlichen Herrn und Frankreichs.
Ihr hofft dadurch auf Anseh'n hier in Straßburg,
Ich in Paris und am Versailler Hof.
Gut! Ich verbürg' Euch nochmals hier mein Wort:
Sobald durch Euch wir Meister sind von Straßburg,
Setzt Euch der König zum Präfecten ein.
Und für die Stadt — ist's nicht der Ehre g'nug,
Wenn sie des großen Königs Eigenthum,
Wenn sie ein Theil wird jenes schönen Frankreichs,
Deß Waffenruhm und heller Geistesglanz
Die ganze Welt bezaubert und bezwingt?

Obrecht.
Herr Resident! Vergebt ein freies Wort!
Der Deutsche mißt mit einem andern Maß
Das Glück der Völker und der Bürger Wohlfahrt.
Drum sagt' ich Euch, und muß es wiederholen:
So lang' Ihr uns nicht sich're Bürgschaft gebt
Für uns're Sprach' und unser heimisch Recht,
Für ein selbständig Regiment der Stadt,
Vor allem für der Väter alten Glauben,
Kann ich die Hand nicht bieten zum Vergleich.

Frischmann.
Ihr thut, als hättet Ihr Bedingungen
Uns vorzuschreiben, nicht, sie zu empfangen.

Obrecht.
Das haben wir auch nicht; im Frieden ist
Das Reich mit Frankreich; uns're Freiheit ward
Verbürgt durch europäische Tractate.

Frischmann.
Ein Stück Papier, das nur so lange gilt,
Bis es das Schwert zerhaut!

Obrecht.
                         Herr Resident!
Der König, Euer Herr, wird sich bedenken,
Als Friedensbrecher vor Europas Fürsten
Sich hinzustellen und durch gleiche Furcht
Zum Bündniß wider sich sie zu vereinen.

Frischmann.
Das ist des Königs Sache, nicht die meine.

Obrecht.
Und dann, gesetzt, er wollte Solches wagen,
Denkt Euch den Kampf nicht allzuleicht um Straßburg!
Es hat die Stadt einst dreißig Jahre lang
Mit eig'ner Kraft sich unbesiegt erhalten.
Nicht Spanier, nicht Franzos und nicht der Schwede
Vermochten ihren Widerstand zu brechen.

Frischmann.
Spart Euch die Müh', Herr Obrecht, mich zu täuschen!
Denkt Ihr, ich wüßt' nicht, wie's in Straßburg steht?
Daß die Geschlechter sammt der Kaufmannschaft
Als Retter uns begrüßen und Befreier
Von dieser Zünfte Hochmuth und Gewaltthat?
Daß sie den Tag ersehnen, wo die Stadt
Französisch wird und von der Mauern Zinnen
Das königliche Lilienbanner weht?

Obrecht.
Noch Eins, Herr Resident! Erinnert Euch,
Daß Ihr mir selbst vordem das zugesichert,
Womit Ihr heute geizt!

Frischmann.
                    Das Angebot
War ernst gemeint — jetzt freilich ist's verfallen.
Die Dinge stehen anders, denn zuvor,
Und jede Waare steigt und fällt im Preise.
Der Reichstag, statt zu handeln, unterhandelt,
Ihr wißt es ja, schon in den vierten Mond.
Inzwischen haben meines Königs Truppen

Ringsum die Stadt umstellt und schneiden ihr
Von allen Seiten her die Zufuhr ab.
Noch kurze Frist, und ohne Schwertstreich muß
Sich Straßburg uns um jeden Preis ergeben.

Obrecht.
Ich hab' nichts mehr zu sagen. Laßt mich geh'n!
Mag der Erfolg denn zwischen uns entscheiden.

Frischmann.
Ich wünschte wohl, mit Euch mich zu verständ'gen,
Denn Euern Einfluß schätz' ich nach Gebühr.
Erwägt denn nochmals, was ich Euch gesagt,
Und kehrt zu mir zurück, wann's Euch beliebt!

Obrecht.
Wenn Ihr mit solcher Antwort mich entlaßt,
So sahet Ihr mich heut' zum letzten male.

Frischmann.
Was wollt Ihr thun? Nicht rückwärts könnt Ihr
    mehr.
Den Patrioten seid Ihr längst verdächtig.
Ihr seid verloren, wenn mit uns Ihr brecht.

Obrecht.
Mag ich verloren sein, weil ich zu viel
Euch hab' getraut. Doch soll die Bürgerschaft
Zum Mind'sten nicht durch mich betrogen werden.

Frischmann.
Ich hoffe doch, Ihr werdet eines Bessern
Euch noch besinnen. Lebt indessen wohl!
(Ab.)

Neunte Scene.

Obrecht allein.

Obrecht.

Nein! Nimmermehr! Verdorben ist, ich seh's,
Was ich in guter Absicht unternahm,
Durch Anb're, die mit minder reinen Händen
Nur ihres eig'nen Vortheils Saat gesä't.
Fluch über sie! Zwar, fürcht' ich, ist's zu spät,
Wie zum Verhandeln, so zum Handeln auch,
Und uns bleibt nichts, als tapfer untergeh'n.
Wohlan! So theil' ich das Geschick der Stadt,
Und Deines, Diedrich. Nimm mich wieder auf!
Und, hab' an Deiner Freundschaft ich gesündigt,
Durch um so größ're Treue will ich's sühnen.

Zehnte Scene.

Obrecht. Walther, rasch eintretend, während Obrecht abgehen will.

Obrecht.

Du, Walther, hier? Was willst Du?

Walther.

O, mein Vater!
So find' ich endlich Euch, und find' Euch hier!

Ach, diese Stelle sagt mir Alles, Alles.
O, Vater, warum habt Ihr das gethan?

Obrecht.

Ob recht war, was ich that, darüber hier
Mit Dir zu streiten, ist jetzt nicht die Zeit.
Genug, daß Alles nun vorüber ist,
Und ich von hinnen geh', um nimmermehr
Von Neuem diese Schwelle zu betreten.

Walther.

So wollt Ihr brechen mit dem Residenten?

Obrecht.

Ich that es schon und that's unwiderruflich.

Walther.

O, wie mich diese Kunde hochbeglückt,
Mehr, als Ihr selber wißt und ahnen könnt.
Wie wird sich Diebrich freu'n! O lasset mich
Euch zu ihm hingeleiten, daß der Bund
Der alten Freundschaft neu geschlossen werde!
Ich sah den tiefen, ungeheuern Schmerz,
Der seine starke Heldenbrust durchbebte,
Da er Euch treulos wähnte. Gönnet mir
Die Wonne, Zeuge auch zu sein des Glücks,
Wie sich zwei solche Herzen wiederfinden,
Um nie mehr sich zu trennen! O nun wird
Noch Alles gut. Mit neuer Hoffnung blick' ich
In unser Aller und in Straßburgs Zukunft.

Obrecht.
Der Jugend schönes Vorrecht ist die Täuschung,
Der Zweifel ist des kältern Alters Loos.
Doch, was uns auch der Himmel senden mag,
Ob Sieg und Freiheit, oder Untergang,
Gefaßt ist mein Entschluß, und meine Stelle
An Diedrich's Seit' im Leben, wie im Tod.

Walther.
So kommt denn hin zu ihm!

Obrecht.
Ja, laß' uns eilen,
Mit ihm den Ruhm und die Gefahr zu theilen!

(Beide gehen nach dem Hintergrunde ab; ehe sie die Thür erreichen, hört man hinter derselben Lärm.)

Eine Stimme.
Zurück von dieser Schwelle!

Obrecht.
Horch! Was ist das?

Wolfram.
Hinweg mit Euch und laßt den Weg uns frei!
Sonst brauchen wir Gewalt.

Eine Stimme.
Zurück — noch einmal!
Respect vor König Ludwig's Abgesandtem!

Wolfram.
Zur Hölle mit Euch selbst und Eurem Herrn!

(Die Thür wird rasch geöffnet, in der geöffneten erscheint Wolfram mit Stadtknechten.)

Elfte Scene.

Wolfram
(auf Obrecht zeigend).
Seht her, da ist er! Hab' ich's nicht gesagt?
(Zu den Stadtknechten.)
Im Namen des Gesetzes, nehmt ihn fest!

Obrecht.
Was soll das heißen?

Wolfram.
Nach dem heut'gen Schluß
Des Rathes seid als Hochverräther Ihr
Des Todes schuldig.
(Die Knechte fassen Obrecht an.)

Obrecht.
Gegen die Gewalt
Erheb' ich laut Protest. Vor dem Gesetz
Werd' ich mich beugen. Lebe wohl, mein Sohn!

Walther.
Lebt wohl, mein Vater, und verzaget nicht!
Ich eil' zu Diebrich, er wird Hülfe schaffen.

Wolfram.
Bringt ihn hinweg, aufs Rathhaus, in Gewahrsam!
Laßt seh'n, ob ihn der Diebrich retten wird!
(Der Vorhang fällt.)

Dritter Act.

Erste Scene.

Zimmer in Frischmann's Wohnung. Frischmann über Papieren am Tische sitzend. Ein Diener tritt ein.

Diener (meldend).
Ammeister Diedrich bittet um Gehör.

Frischmann.
So laßt ihn ein! — Ich wußt', er würde kommen.
(Diener ab.)

Zweite Scene.

Frischmann. Diedrich.

Frischmann.
Was führet Euch zu mir, Herr Bürgermeister?

Diedrich.
Herr Resident! Als Oberhaupt der Stadt
Seht Ihr mich tief bestürzt ob dem, was gestern

Allhier gescheh'n, da blinder Eifer thöricht
Den heil'gen Bann des Völkerrechts gebrochen.
Genugthuung für solche That zu fordern,
Seid Ihr berechtigt; sie in vollem Maß
Euch zu gewähren, wird die Stadt nicht säumen.

Frischmann.

Es freut mich, Euch so wohlgesinnt zu finden.
So spart Ihr mir die peinlich schwere Pflicht,
Mit ernstern Mitteln meines Königs Recht
Und die verletzte Majestät zu wahren.
Ihr werdet billig finden, was ich fordr'e:
Zuerst, daß jener Mann, den man von hier
Mit roher Faust und wider alles Recht
Hinweggerissen, frei und unbeschädigt
In meine Hand zurückgegeben werde.
Doch das gekränkte Anseh'n meines Königs —
Gekränkt in mir, des Königs Stellvertreter —
Heischt volle Sühne auch. So höret denn!
Um zu beweisen, daß in Fried' und Freundschaft
Mit uns zu leben Ihr entschlossen seid,
Thut, was schon längst wir fordern, liefert uns
Die Schanze aus, die unserm Feind, dem Kaiser,
In jedem Krieg den Zugang offen hält
Vom Rhein herüber in das Herz von Frankreich!
Wenn Ihr dies thut, so soll die Unbill Euch
Verziehen sein — wo nicht, so wird mein König
Genugthuung sich selber holen müssen.

Diedrich.
Herr Resident! Ich weiß, der Augenblick
Ist nicht der Sache günstig, die ich führe.
Euch, dem Verletzten, steht es zu, das Maß
Der Sühne zu bestimmen; es zu weigern,
Scheint kaum geziemlich. Dennoch bitt' ich Euch:
Laßt Eure Weisheit Fürsprach' für uns thun
Bei Eurer Großmuth! Fordert nichts, was uns
Mit unf'rer Pflicht, und Euch, Herr Resident,
Mit Eurem eig'nen Vortheil würd' entzwei'n.
Frischmann.
Erklärt Euch deutlicher!
Diedrich.
  Ihr wißt, die Stadt
Hat in den Kriegen, die das deutsche Reich
Mit Eurem Herrn, dem König, oftmals führte,
Sich stets neutral gehalten, keinem Theil
Zu Lieb', noch Leid, obschon uns unf're Lehnspflicht
Dem Kaiser beizusteh'n geboten hätte.
Laßt's, bitt' ich, künftig auch dabei bewenden!
Dringt nicht in uns, Partei für Euch zu nehmen!
Wir könnten sonst die gleiche Forderung,
Das seht Ihr wohl, dem Reich noch minder weigern.
Doch, bleibt's im alten Stand, so wird sich Straßburg
Des Kaisers Völkern ferner auch verschließen.
So steht Ihr besser Euch, uns aber spart Ihr
Gleich werther Pflichten harten Widerstreit.
Und dann, Herr Resident, bedenkt noch dies:
Wenn Obrecht's Rettung Euch am Herzen liegt —

Und könnt' es anders sein, da er für Euch
Sein Leben wagte? — dann, ich fleh' Euch an,
Steht ab von jeder Drohung, die sein Schicksal
Nur mehr beschleun'gen müßte!

Frischmann (einfallend).

Waret Ihr
Nicht Obrecht's Feind?

Diedrich.

Er war im Rath mein Gegner
In letzter Zeit, doch knüpfet mich an ihn
Von länger her ein altes Freundschaftsband.
Ich möcht' ihn retten; doch unmöglich wird's,
Sobald es scheint, als wich' ich fremder Drohung.

Frischmann.

Ich will mir's überlegen, und dem Rath
Der Dreizehn meinen Willen offenbaren.

(Diedrich ab.)

Dritte Scene.

Frischmann allein.

Frischmann (Diedrich nachsehend).

Ein starrer Deutscher, und ein feiner Kopf!
So lange seine Macht noch ungeschwächt,
Wird unser Plan auf Straßburg nicht gelingen.
Er meidet sorgsam Alles, was uns Vorwand

Zu off'nem Angriff böt', und, was ich auch
Im Stillen unternahm, sein heller Blick
Sah's ahnend weit voraus, und seine Klugheit
Kam ihm zuvor. Sein starker Wille hält
In Schranken der Parteien wilden Kampf,
Hemmt uns'rer Freunde Sieg und wehrt zugleich
Dem Uebermuth der Zünfte, uns zu reizen.
Doch diesmal fass' ich ihn! Was Furcht ihm macht,
Das g'rade nützt uns. Eine blut'ge That
Wird die Geschlechter enger an uns ketten,
Und uns gestattet sie, der Schonung Maske
Von uns zu werfen, und, was man freiwillig
Uns nie wird geben, mit Gewalt zu nehmen.
So dient uns dieser Obrecht wider Willen
Selbst sterbend noch. Sein Tod mehrt die Ver=
  wirrung,
Die Spaltung in der Bürgerschaft, den Haß
Der Einen und den Uebermuth der Andern.
Der klugen Mäß'gung, die, nach allen Seiten
Zum Frieden mahnend, jedem Ausbruch wehrt,
Nimmt er das Scepter aus gelähmter Hand,
Und setzt auf ihren Thron den wilden Schrecken,
Das blutige Gespenst, vor dem der Bürger
In seinem Haus, in seiner Werkstatt zittert,
Dem zu entflieh'n, kein Opfer ihm zu groß,
Auch nicht die Freiheit seiner Stadt! — Wenn dann
Die Angsterfüllten einen Retter suchen,
Der sie beschütze vor des Pöbels Wuth,
Dann sind wir da; dann einen letzten Druck,

Und Straßburg legt sich selber uns zu Füßen.
O, schöner Preis der jahrelangen Müh',
Wenn mir's gelingt, dies Letzte zu erreichen!
Mit neuen Strahlen schmück' ich Frankreichs Krone,
Und neue Ehren winken mir zum Lohne!
(Ab nach rechts.)
(Verwandlung.)

Vierte Scene.

Zimmer in Diedrich's Haus, wie im zweiten Act.
Gertrud, Walther von verschiedenen Seiten zugleich
eintretend.

Gertrud (auf Walther zueilend).
Du kehrst zurück; so bringst Du gute Botschaft!

Walther.
Unschuldig ist mein Vater. Was er auch
Zu thun gedacht, doch blieb es ungethan,
Und wieder unser ist er ohne Wanken.

Gertrud.
O, Dank dem Himmel! So ist Alles gut!

Walther.
Noch nicht. Noch schwebt ein furchtbares Verhängniß
Ob meines Vaters Haupt und unsrer Liebe.

Gertrud.
Was fürchtest Du?
Walther.
Just als von Frischmann fort
Zu Eurem Haus ich ihn geleiten wollte,
Brach Wolfram mit den Dienern des Gesetzes
Gewaltsam ein und führt' ihn in's Gefängniß.
Gertrud.
Was kann man gegen ihn?
Walther.
Ach, Wolfram's Haß
Ist unversöhnlich wider meinen Vater.
Und ich, ich hab' ihn selbst unwissentlich
Den Feinden ausgeliefert; ohne mich
War er schon hier und war in Sicherheit.
Gertrud.
O, sei getrost! Mein Vater wird ihn schützen.
Walther.
Darum ihn anzuflehen, bin ich hier.
Er wird den Freund, den neugewonnenen,
Nicht schimpflichem Verderben überliefern.
Gertrud.
Das wird er nicht; drum laß uns ihm vertrau'n,
Und neuer Hoffnung uns're Herzen öffnen!

Fünfte Scene.

Diedrich durch die Mittelthür eintretend. Vorige.

Diedrich.

Wie, Walther, Ihr seid dennoch hier, und schuldig
Ist Euer Vater?

Walther.

Nein! So wahr ich hier bin!
Ich wär' es nicht, wär' nicht mein Vater schuldlos.

Diedrich.

Und doch ward er im Haus des Residenten
Betroffen und verhaftet. Traun, das sieht
Nicht aus wie schuldlos.

Walther.

Nennt Ihr schuldig den,
Der seinen Fehl erkennt, noch eh' zur That
Er sich verkörpert? Der, ihn ungescheh'n
Zu machen, seines Eifers Kraft verdoppelt?

Diedrich.

So hätt' er nicht mit Frischmann unterhandelt?

Walther.

Ob er mit ihm verhandelt, und wie weit,
Blieb mir verborgen. Eins nur weiß ich sicher,
Daß die Verhandlung abgebrochen war
Auf Nimmerwiederseh'n, noch eh' ich kam,

Und daß mein Vater, zwar an Hoffnung arm
Auf unf'rer Waffen Sieg, doch festentschlossen,
Mit uns vereint das Letzte zu besteh'n,
An Euer Herz sich eben werfen wollte,
Als Wolfram kam und ihn gefangen nahm.

Diedrich.

Ihr seid ein guter Fürsprech, Walther. Wohl!
Als Freund verzeih' ich herzlich Eurem Vater,
Und gern eracht' ich, was er auch gefehlt,
Gesühnt durch wahre Reu' zur rechten Stunde.
Doch schwer ist meine Pflicht als Haupt der Stadt,
Als Wächter und Vollstrecker des Gesetzes,
Zu dem ich selber meine Stimme gab,
Zwar widerstrebend, doch in bester Meinung.
Denn dies Gesetz — unbeugsam streng — verdammt
Zum Henkerstode den schon, der mit Frankreich
Nur unterhandelt.

Walther.

So sei Gott uns gnädig!

Gertrud.

Mein armer, theurer Freund!

Diedrich.

Noch hoff' ich zwar,
Die mild're Ansicht werd' im Rathe siegen.
Mein eigen Anseh'n, Eures Vaters alte
Verdienste um der Stadt gemeines Wesen
Entwaffnen wohl der Gegner starren Haß,
Und hemmen des Gesetzes blut'ge Strenge. —

Walther.

Ihr gebt mir Trost, doch selbst im Trost noch zeigt Ihr
Mir die Gefahr, die furchtbar ihn bedräut.

Diedrich.

Was ich vermag — hier meine Hand d'rauf, Walther! —
(ihm die Hand reichend)
Das soll gescheh'n. Nicht blos die alte Freundschaft
Zu Eurem Vater, meine Lieb' zu Euch,
Und meiner Gertrud Glück —, nein, mehr als Alles,
Treibt meine Pflicht als Patriot und Bürger
Mich an, zu hindern, daß nicht Euer Vater
Ein Opfer des Parteienhasses werde.
D'rum fasset Muth und lasset uns vertrau'n,
Daß Alles noch zu gutem Ende komme.
(Ab.)

Sechste Scene.

Walther. Gertrud.

Walther.

Noch wag' ich nicht zu hoffen. Schwere Sorge
Schnürt mir die Brust zusammen.

Gertrud.

So mistrau'st
Du meinem Vater?

Walther.
        Das sei fern von mir!
Wie auf mich selbst, und mehr, bau' ich auf ihn.
Doch kann er wider das Gesetz, das furchtbar
Blutlechzende, das wie ein bräuend Schwert
An dünnem Faden über meines Vaters
Geliebtem Haupte schwebt! O, meine Gertrud,
So lang' dies Gräßliche nicht abgewandt,
So lange muß aus Deiner süßen Näh'
Ich unstet fliehen, ein Geächteter.

Gertrud.
Sei denn der Himmel gnädig uns'rer Liebe!
Voll heißer Inbrunst will ich zu ihm fleh'n,
Daß er, von schweren Kummers Last befreit,
Dich bald zurück in meine Arme führe.
        (Nach verschiedenen Seiten ab.)
        (Verwandlung.)

Siebente Scene.

Sitzungssaal auf dem Rathhaus. Alles ist zur Sitzung vorbereitet.
Günzer, Wenkherr, Engelhardt, Hilmert und Andere treten zusammen ein.

Günzer.
Wie ich Euch sage, nicht fünf Meilen weit
Von hier steh'n die Franzosen schon bei Schlettstadt.

Hilmert.
'S ist auch die höchste Zeit, daß Hülfe naht,
Denn schon beginnt das Volk nach Blut zu lechzen.
Mit Obrecht fängt man an, dann kommt's an uns!

Wenkherr.
Wie, meint Ihr, sollen wir's mit Obrecht halten?
Wird er verurtheilt, gibt's ein bös Exempel
Und steigert nur des Pöbels Uebermuth.
Doch, sprechen wir für ihn, so mag man leicht
Uns als theilhaftig seiner Schuld verdächt'gen.

Günzer.
Wir binden streng uns ans Gesetz, nichts weiter!
So spielen wir die guten Patrioten,
Und halten uns von jedem Argwohn frei.

Hilmert.
Um uns hat's Obrecht wahrlich nicht verdient,
Daß wir für ihn des Pöbels Haß ertrügen.
Zwar unterhandelt hat er, das mag sein,
Doch sicherlich für unsern Vortheil nicht,
Nur für der Bürgerschaft gemeines Bestes,
Wie's diese Art ruhmredig pomphaft nennt.

Günzer.
Auch seid gewiß, es wird ihm nichts gescheh'n.
Der Resident — er hat mir's selbst vertraut —
Verlangt als Sühne des Gefangnen Freiheit.

Wenkherr.
Nur um so besser dann, wenn wir bis dahin
Uns streng neutral gehalten. Mögen doch

Die Zünfte sich nur immer mehr erhitzen,
So treiben sie's vielleicht zum off'nen Bruch,
Zum Krieg mit Frankreich. Gut! Dann haben wir
Gewonnen Spiel.

Hilmert.
Seid still! Ich hör' sie kommen!

Achte Scene.

Wolfram, Werner, noch Andere von den Zünften.
Vorige.

Wolfram (bei Seite zu Werner).
Was haben die schon wieder angezettelt?

Hilmert.
Ha, Meister Wolfram, das muß man Euch lassen,
Ihr packt den Stier gleich bei den Hörnern an,
Beleidigt keck des Königs Abgesandten,
Und ruft den Krieg mit Frankreich selbst herbei!

Wolfram.
Ja freilich bin ich von den Höf'schen nicht,
Die uns'rer Stadt gern jede Unbill gönnen,
Wenn sie nur zu Versailles in Gnaden steh'n.

Hilmert.
Ihr habt doch gleich ein starkes Heer zur Hand,
Um Eure Sach' mit Frischmann auszufechten?

Wolfram.
Wär't Ihr nicht mit der Zunge blos ein Held,
Ich wollt' Euch gleich ein gutes Handgeld bieten.
(Es treten Fest, Röttlin und andere Mitglieder ein, zuletzt Diedrich.)

Neunte Scene.

Diedrich, Röttlin, Fest und Vorige.

Diedrich
(seinen Platz in der Mitte des Tisches einnehmend).
Gott grüß' Euch, edle Herr'n und Zunftgenossen!
Nehmt Eure Plätze, wie's die Ordnung heischt!
Die Sitzung ist eröffnet. Meister Wolfram,
Bringt Eu're Klage vor!

Wolfram.
    Der Fall ist klar
Wie Sonnenlicht, d'rum spar' ich meine Worte.
Ich selbst betraf den Syndikus, Herrn Obrecht,
Im Hause des französ'schen Residenten.
Was hatt' er da zu suchen, wenn er nicht
Mit Frischmann unterhandelt? Nahm doch auch
Des Residenten Diener ihn in Schutz,
In seines Königs Schutz! Versteht Ihr wohl,
Was das will heißen? In des Königs Schutz,
Der unser und des Reiches ärgster Feind!

Was braucht's da Weit'res mehr? Wer Frankreichs
Schützling,
Ist ein Verräther und des Todes schuldig!

Diedrich.
Ihr schließt sehr rasch! Zum Mind'sten werdet Ihr
Dem Angeklagten erst Gehör vergönnen.
(Zu einem Rathswaibel)
Führt Obrecht ein!

Wolfram.
Wozu noch? Leugnet er's
Doch selber nicht, daß er mit Frischmann Zwie=
sprach'
Gepflogen hat. Ist das nicht vollauf g'nug,
Um dem Gesetze seinen Lauf zu geben?

Diedrich.
Das eben wird der Rath zu prüfen haben.
(Obrecht wird eingeführt.)

Zehnte Scene.

Obrecht. Vorige.

Diedrich.
Herr Syndikus! Mich zwingt des Amtes Pflicht,
Die mir so schwer noch nie gedäucht wie heut',
Euch zu befragen, ob Ihr schuldig Euch

Bekennt des Bruches jenes Rathsbeschlusses,
Der gestern erst der Stadt verkündigt ward,
Und der des Todes schuldig Jeden spricht,
Wer sich mit Frankreich einläßt in Verhandlung?

Obrecht.
Ihr selbst entlastet mich Herr Ammeister,
Durch Euer eigen Wort. Erst gestern, sagt Ihr,
Ward feierlich der Bürgerschaft verkündet
Dies blutige Gesetz. Nun wißt Ihr wohl,
Jedwed' Gesetz zielt auf Zukünft'ges nur,
Nicht auf Vergang'nes. Hätt' ich auch gefehlt,
Nicht dies Gesetz wär' da, um mich zu strafen.
Wohlan! Ich hab' mit Frischmann unterhandelt —
(Wolfram und seine Freunde geben sich Zeichen des Triumphes.)
Doch das war, ehe das Gesetz erschien.
Just gestern, während Ihr im Rathe hier
Den Spruch gefaßt, war ich beim Residenten —
Ich leugn' es nicht, um mit ihm zu verhandeln,
Weil ich die Rettung dieser uns'rer Stadt
Nur im Verhandeln seh' und nicht im Kampfe. —
Doch weil mir Frischmann, was er erst versprach,
Nicht halten wollte, keine Sicherheit
Mir geben wollt' für uns're Freiheiten,
Für unser altes Recht, für unsern Glauben,
Brach ich mit ihm für immer. Nennt Ihr das
Verletzen das Gesetz, wenn man freiwillig
Absteht von dem, was das Gesetz verbeut,
Und das zu thun freiwillig sich entschließt,
Was das Gesetz verlangt, auch wenn man deutlich

Zu sehen glaubt, daß wir mit solchem Thun
Uns selbst nur opfern, nicht die Stadt erretten?

Wolfram.

So räumt Ihr ein, daß Ihr bei Frischmann war't,
Um zu verhandeln. Hätte Frischmann Euch
Gewährt, was Ihr begehrtet, nun, so waren,
So weit's nach Euch ging, wir schon heut' fran=
zösisch.

Obrecht.

Nicht meinen Vortheil zog ich dort zu Rath.
Hätt' ich's gethan, fürwahr, ich hätte schwerlich
Zum Bruche Grund gefunden. Groß genug
War die Verlockung, wenn mich Ehrgeiz trieb.
Doch weil ich nur aufs Wohl der Stadt bedacht,
Verwarf ich standhaft, was mir selber zwar,
Doch nicht der Bürgerschaft Gewinn verhieß.
Ist dies Verrath, so bin ich ein Verräther,
Doch rühmlich acht' ich solchen Namen dann.

Diedrich.

Man führ' den Angeklagten fort! Der Rath
Hat ihn gehört und wird sein Urtheil sprechen.

(Obrecht wird abgeführt.)

— — —

Elfte Scene.

Vorige, ohne Obrecht.

Wolfram.

Ich bleib' dabei, er ist des Todes schuldig,
Und Namens der gemeinen Bürgerschaft
Trag' ich d'rauf an, daß er verurtheilt werde.

Diedrich.

Und Euer Spruch, Ihr Herr'n von den Geschlechtern?

Günzer.

Wir widerriethen jenes Blutgesetz,
Das Ihr beschlossen habt; doch des beschloss'nen
Vollzug zu hemmen, duldet uns're Pflicht
Als Bürger nicht. So hab' es seinen Lauf!
Doch Alles, was daraus entsteht, das falle
Auf die zurück, so das Gesetz erzwangen!

Wolfram.

Ihr deckt den Rücken Euch nach beiden Seiten.
Sei's drum! Wir sind die Männer, denk' ich wol,
(Zustimmung von Werner und den Andern.)
Auf uns zu nehmen die Verantwortung,
Wie für den Spruch, so für des Spruchs Voll-
   streckung.

Diedrich.

Das letzte Wort gebührt nach altem Brauch
Mir, dem Ammeister, eh' ich Umfrag' halte. —

So laßt mich denn Euch mahnen an die Noth,
Die allgemeine, die uns hart bedrängt,
An Eure Pflicht als Bürger dieser Stadt,
Und mehr als das, als Häupter der Gemeine!
Bedenket, was Ihr thut! Rasch ist's gethan,
Doch schwer ist's, das Gethane gutzumachen!
Ich weiß, Ihr (zu Wolfram und Werner) wollt durch
   Obrecht's blut'gen Tod
In Eurer Gegner Reih'n den Schrecken schleudern,
Die Macht Euch sichern, die, so argwöhnt Ihr,
Mit Frankreichs Hülfe man Euch rauben will.
Doch dieser Pfeil prallt auf Euch selbst zurück.
Wenn Ihr die Macht, die das Gesetz der Stadt
In Eure Hand gelegt, durch Uebertreibung
Despoten gleich mißbraucht, so wird die Furcht,
Womit Ihr Eure Gegner schlagen wollt,
Den ruh'gen Bürger Euch zum Gegner machen.
Der Fremden Herrschaft wird ihn minder schrecken,
Die ihn von Eurer Tyrannei befreit.
Ihr aber (zu den Geschlechtern) spielt ein hochgefährlich
   Spiel,
Wenn die Verwirrung schadenfroh Ihr mehrt.
Erreichen könnt Ihr's, daß die Stadt dem Feind
Zur Beute wird, doch leicht auch mag's gescheh'n,
Daß Eure Häupter erst zum Opfer fallen,
Und der Befreier, den Ihr Euch ersehnt,
Nur über die zerbroch'nen Wappenschilder
Der einstmals mächt'gen Häuser seinen Einzug
Als Sieger hält in die verrath'ne Stadt.

O, daß ich reden könnt' mit Engelszungen!
Daß ich's vermöchte, den unsel'gen Groll
Hinwegzutilgen, der im Innern nur
Den Gegner sucht, im Sohn der eig'nen Heimat,
Der diesen nur zu treffen eifrig ist,
Und nicht bedenkt, wie er dabei das Herz
Der Mutter Aller, unf'rer Stadt, zerfleischt!
O, wär't Ihr einig, unbezwungen ständen
Wir fest im Kampfe gegen Ludwig's Heer,
Und gäben so ein Beispiel allen Zeiten,
Wie tapf'rer Bürger todesmuth'ge Eintracht
Die Stadt dem Reich erhielt, das sie verließ,
Und jenem Mächt'gen siegreich widerstand,
Dem sich Europa's Fürsten sklavisch beugen.
(Bewegung in der Versammlung. Diedrich, aufstehend, fährt fort:)
So geht noch einmal denn mit Euch zu Rath!
Denkt Eures Eides! Denkt an unf're Stadt,
Die schwerbedrohte! Denkt an Deutschlands Völker,
Die zwischen Angst und Hoffen auf uns schau'n!
Und lenke Gott zum Rechten Eure Herzen!
Ich heb' die Sitzung auf für kurze Frist.
Ihr, Waibel, bringt indeß die Urne her
Mitsammt den schwarzen und den weißen Kugeln!
(Die Mitglieder erheben sich und bilden Gruppen im Saale.)

Röttlin
(zu Diedrich tretend).

Wenn solche Rede nicht die Herzen rührt,
So müssen Steine sie im Busen tragen.

Diedrich.
Bezeugt mir's, ob ich warm für Obrecht sprach!
Doch nicht so sehr für ihn, als für die Stadt.
(Sie gehen heimlich sprechend zusammen nach dem Hintergrund.)

Werner
(zu Wolfram, mit dem er nach vorn kommt).
Ich dächt', Ihr ließt's für diesmal noch bewenden.
Der Ammeister hat Recht, nur Eintracht rettet!

Wolfram.
Könnt' man ihm trauen, daß er's ehrlich meint —
Mir ist's just um den Obrecht nicht so sehr,
Als daß ich die da drüben
(auf Günzer und die Andern zeigend)
fangen wollte.
Doch die sind schlau und wissen sich zu hüten.
(Beide sprechen ebenfalls im Geheimen miteinander weiter.)

Günzer
(zu Wenkherr und Hilmert).
Er reißt den Sieg uns wieder aus den Händen,
Der uns bereits so sicher schien, wie nie!

Wenkherr.
Wo bleibt der Frischmann nur mit seiner Botschaft?
Kommt sie nicht bald, so ist das Spiel verloren.

Hilmert.
Wir müssen Wolfram's Zorn von Neuem reizen.

Günzer.
Jetzt nicht — ich bitt' Euch! —
(Auf den mit einem Schreiben eintretenden Waibel zeigend.)
Seht! Da kommt
das Schreiben!

Waibel
(Diedrich das Schreiben reichend).
Hier ist ein Brief vom Residenten Frankreichs.

Diedrich
(nachdem er dasselbe erbrochen und gelesen).
O, Himmel, das ist Obrecht's Todesurtheil!
(Sich auf seinen Platz zurückbegebend, zu den Andern:)
Nehmt Eure Plätze wieder ein und hört,
Was Frankreichs Abgesandter von uns heischt!
(Alle setzen sich.)
Er nimmt in seinen Schutz den Angeklagten,
Und fordert, daß derselbe frei und lebig
Ihm ausgeliefert werde. Weigern wir's,
So droht er uns mit seines Königs Zorn
Von wegen des ihm angethanen Schimpfs.

Wolfram.
Er droht uns — hört Ihr's? — droht uns, wenn wir nicht
Mit eig'ner Hand uns selbst in's Antlitz schlagen!

Werner.
Ich war für Mäß'gung um der Eintracht willen,
Doch jetzt nur d'ran zu denken, wär' Verrath.

Wolfram.
Ein Schelm, wer noch ein Wort von Milde spricht!
's ist Alles abgekartet, Lug und Trug.

Hilmert
(nach leiser Besprechung mit Günzer und Wentherr).
Wenn's Euch so juckt, mit Frankreich anzubinden,
Wohlan, so thut's! Wir hindern Euch nicht d'ran,
Und werden drum des Stimmens uns enthalten.

Fest.
Verdächtig macht ihn dieses Schreiben Frischmann's.
Hätt' er mit ihm gebrochen ganz und gar,
Woher dann käm's, daß dieser für ihn redet?

Diedrich.
So seht Ihr nicht, wie Frankreich uns nur reizt,
Um einen Vorwand zur Gewalt zu finden?

Werner.
Doch wenn wir jetzt gehorchen, wenn aus Furcht
Wir widerrufen, was wir kaum beschlossen,
Was fehlt dann noch zu uns'rer Unterwerfung?

Wolfram.
Wozu noch lange schwätzen? Kommt zum Schluß!

Diedrich.
Geht, Waibel, haltet Umgang mit der Urne!
(Der Waibel geht mit der Urne umher und bringt dieselbe zuletzt zu
Diedrich, der auch seine Kugel hineinlegt und dann die Urne auf die
Tafel ausleert.)
's sind lauter schwarze Kugeln bis auf meine!

(Zum Waibel.)
So ruft den Angeklagten denn zurück,
Damit ich ihm den Spruch des Rathes künde.
(Waibel ab.)
Indeß erwägt noch Eines! Das Gesetz
Verlangt geschärften Tod durch Henkers Hand.
Ich bitt' Euch, laßt's beim Tod durchs Schwert
bewenden,
Und treibt die Härte nicht aufs Aeußerste!
Auch möcht' ich Fürsprach' thun für Obrecht's Kinder.
Nicht weilen werden sie in dieser Stadt,
Wo ihres Vaters Blut die Erde trank;
Doch milbert des Gesetzes Spruch, das schmachvoll
Aus Straßburgs Weichbild sie für immer bannt!

Wolfram.
Zwar murren wird das Volk, und das mit Recht,
Wenn man ihm so das blut'ge Schauspiel schmälert;
Doch mag's drum sein! Genug, daß Obrecht stirbt.
(Obrecht wird wieder eingeführt.)

Zwölfte Scene.

Obrecht. Vorige.

Diedrich.
Obrecht! die streng're Meinung hat gesiegt,
Der Rath befindet Euch des Todes schuldig;

Und deß zum Zeichen brech' ich diesen Stab
Ob Eu'rem Haupt, — dem Henker ist's verfallen.
(Bricht ein schwarzes Stäbchen entzwei, das ihm der Waibel reicht.)

Obrecht.

Dem Spruch des Rathes beug' ich mich in Demuth
Als guter Bürger. Möge das Geschick,
Das ich unschuldig leide, mindestens
Zum Segen frommen dieser theuern Stadt!
O, daß mein Blut, das ich für Straßburgs Freiheit
So gern vergossen hätt', vom Hochgericht
Weithin verspritzend, jene düst're Flammen
Des Hasses löschte, deren wilde Glut
Mich selbst verzehrt! O, daß aus meiner Asche
Der Eintracht Phönix leuchtend sich erhöbe!
Dann wollt' ich freudig sterben und beruhigt.
(Diedrich sagt dem Waibel einige Worte heimlich; Obrecht
wird abgeführt.)

Dreizehnte Scene.

Vorige ohne Obrecht.

Diedrich.

Mit Gott, Ihr Herr'n! Die Sitzung ist geschlossen.
(Die Mitglieder des Raths entfernen sich.)

Vierzehnte Scene.

Diedrich allein.

Diedrich.
Noch einmal muß ich ihm in's Auge seh'n
Und Abschied nehmen von dem Sterbenden.
O jenes unglücksel'ge Blutgesetz,
Zu dem ich half! Es tödtet mir den Freund,
Und macht mich selber und mein Werk zu Schanden.

Funfzehnte Scene.

Diedrich, Obrecht, welcher von dem Waibel wieder
hereingeführt wird. Waibel ab.

Diedrich.
So müssen wir uns gegenüberfteh'n,
Ihr der Gerichtete, ich Euer Richter!

Obrecht.
Ihr thut, was Euch des Amtes Pflicht gebeut,
Und thut's, ich weiß es, nicht mit leichtem Herzen.

Diedrich.
Zeug' mir's der Himmel, daß ich Alles aufbot,
Um Euch zu retten! Fast schon war's gelungen,

Als jene unglückſel'ge Botſchaft Friſchmann's
Der Zünfte wilden Haß aufs Neu' entflammte.

Obrecht.
So büß' ich denn durch das, was ich gefehlt!
Denn in bem Einen fühl' ich ſelbſt mich ſchuldig,
Daß meiner Klugheit ich zu viel vertraut,
Des Franzmanns boshaft tück'ſche Hinterliſt
Zu leicht gewogen. Nun, da mir's mißglückt,
Hab' ich bem Feinde Waffen ſelbſt bereitet,
Verwirrung in die eig'nen Reih'n gebracht.
Und ſo das Schlimme ſchlimmer nur gemacht.
Das iſt's, was ſchwer mich drückt und was die Strafe,
Die ich als ungeſetzlich ſonſt verwerfe,
Mich als gerechte Sühne läßt empfah'n.

Diedrich.
Daß Ihr im guten Glauben habt gehandelt,
Sei Euer Troſt im Tode! Ach! ſo tief
Verworren iſt das Schickſal dieſer Stadt,
Und das des Reichs, daß oft die beſte Meinung
Hart an die ſchlimmſte grenzt. Obrecht, Ihr wißt,
Ich habe hart getadelt Euer Thun,
Und heut' noch kann ich's nicht entſchuldigen;
Doch weiß ich Euch von denen wohl zu ſcheiben,
Die nur der eig'ne kleine Vortheil treibt,
Und ſeid gewiß, ſo oft man Euch in gleiche
Verdammniß wirft mit Jenen, ſollt an mir
Ihr all'zeit einen warmen Anwalt finden.

Obrecht.

Habt Dank dafür! Doch noch um Eines muß ich
Bei Eurer alten Freundschaft bitten geh'n.

Diedrich.

Was ich vermag, das will ich gern gewähren.

Obrecht.

O, nehmt Euch meiner armen Kinder an!
Sie sind von heut' an Waisen, ach, und mehr,
Durch ihres Vaters Schimpf zugleich gebrandmarkt.
Könnt Ihr's, so lindert dieses gräßlichen
Geschickes Last, das sie unschuldig trifft.

Diedrich.

Verwandelt ward bereits auf mein Begehr
Der Spruch, der sie aus Straßburg bannen sollte.

Obrecht.

So sterb' ich ruhiger. Wird mir's vergönnt sein,
Von meinem Walther Abschied noch zu nehmen?

Diedrich.

Ich werde dafür sorgen. Ach, wie gern
Hätt' ich den schönen Herzensbund gesegnet,
Der Euren Sohn zu meiner Gertrud zog.

Obrecht.

Auch das hab' ich verwirkt. Doch, o, wie klein
Erscheint mir Alles, selbst mein eigen Schicksal,
Im Angesicht der furchtbaren Bedrängniß,
In der ich Euch und diese Stadt verlasse.

Diedrich.
Was auch der Himmel uns beschieden hat,
Als tapf're Männer wollen wir's besteh'n.

Obrecht.
Das werdet Ihr, und, wie's auch kommen mag,
Mit Ehren nennt die Nachwelt Eu'ren Namen,
Dieweil den meinen tiefe Schande deckt.

Diedrich.
Ihr meintet's gut, wie ich. Ein bös' Geschick
Umgab mit tiefem Dunkel unsern Pfad,
Und trennte von einander, was Natur
Untrennbar fest geeint zu haben schien.
Daß dieses dunkle Loos von Euch zu wenden
Ich nicht vermochte, zeigt mir, was ich selbst
Noch zu befahren habe; Euer Schicksal
Ist Spiegel meines eig'nen. Finst're Mächte
Regieren diese unglückfel'ge Stadt,
Und ziehen sie und uns hinab zum Abgrund.
Nur kurze Zeit noch, und ich folg' Euch nach;
Mein Herz weissagt mir's. — Obrecht, wißt Ihr's
    noch,
Wie wir als Jünglinge gar oft geträumt,
Einst Seit' an Seit' den Heldentod zu sterben
Für Straßburgs und des deutschen Reiches Frei=
    heit?
Jetzt reichen wir zum Abschied uns die Hände,
Euch tödtet Straßburgs düsteres Verhängniß,
Und ich muß leben, seinen Fall zu seh'n.

Obrecht.

Noch gebt nicht Alles auf! Versucht's noch einmal,
Das Reich aus seiner feigen Ruh' zu reißen!
Vielleicht, daß dieses blut'gen Schauspiels Ernst
Den deutschen Fürsten Straßburgs Todeskampf
Und ihrer eig'nen Trägheit Schmach enthüllt.

Diedrich.

Ein theu'r Vermächtniß sei mir dieser Rath,
Nicht ruhen will ich, bis ich ihn vollzogen.
Der nächste Morgen schon — o Gott, für Euch
Der letzte! — sieht mich auf dem Weg zum
Reichstag.

(Die Arme nach Obrecht ausbreitend.)

Freund meiner Jugend, meiner Mannheit Freund,
Noch einmal laß mein Herz an deinem schlagen,
Und nimm als ew'ger Treue Unterpfand
Zum letzten Abschied diesen Kuß der Liebe!

Obrecht.

Leb' wohl, mein Diedrich! Und sei Gott uns gnädig —
Im Tode mir, und Dir zu Kampf und Sieg!

(Sie wenden sich nach verschiedenen Seiten zum Gehen, kehren aber nochmals um und umarmen sich von Neuem. Während dieser Umarmung fällt der Vorhang.)

Vierter Act.

Erste Scene.

Zimmer in Diedrich's Haus, wie im zweiten Act, erste Scene. Gertrud, bleich und kummervoll, sitzt, den Kopf auf die Hand gestützt, am Fenster und blickt hinaus. Frau Diedrich, von rechts eintretend, geht leise zu ihr und legt ihr die Hand auf die Schulter.

Frau Diedrich.
Noch immer so verschlossen? Hat Dein Herz
Für diesen Einen Gegenstand nur Raum?
Und wird kein heller Blick aus Deinem Aug'
Bei seiner Rückkehr heut' den Vater grüßen,
Wie er's gewohnt von seiner Tochter ist?

Gertrud.
O, Mutter, war's unmöglich, konnt' er nicht
Obrecht vom Tod erretten und dem Sohn
Den Vater, mir den theuern Freund erhalten?

Frau Diedrich.
Dein Schmerz entschuldigt Deines Zweifels Regung.

Doch würd's den Vater kränken, säh' er sich
Vom eig'nen Blut mißkannt. O, wüßtest Du,
Wie er in schwerer Seelenpein gerungen,
Bis er ins Unabwendbare sich fügte!

Gertrud.

Ach, wär' ich eines schlichten Bürgers Kind,
Nie hätte der Parteien wilder Zwist
Mir meiner Liebe Heiligthum verwüstet.

Frau Diedrich.

Nicht ziemt der Tochter Diedrich's solche Klage!
An Deines Vaters großem Herzen ruht
Das Schicksal dieser Stadt, vielleicht des Reichs —
Er darf ein Opfer von den Seinen fordern.

Gertrud
(ihrer Mutter um den Hals fallend).

Verzeihung, theure Mutter! Ach, der Traum
Von meiner Liebe war so himmlisch schön,
Und allzu fürchterlich ist das Erwachen!

Frau Diedrich.

Und hörtest Du von Walther niemals wieder?

Gertrud.

Kein Wort! Vergebens trotz' ich selbst dem Bann,
Der schwer auf Obrecht's ganzer Sippschaft lastet,
Und jeglichen Verkehr mit ihr verbeut;
Ich sandt' in Obrecht's Haus und ließ erkunden,
Wo Walther weile, wie es ihm ergeh' —
Die Brüder selbst, die Schwestern wissen's nicht.
Verlöscht ist jede Spur von seinem Dasein —
Bis auf die eine hier in meinem Herzen.

Zweite Scene.

Walther, bleich, verstört, ist langsam durch den Hintergrund eingetreten. Vorige.

Frau Diedrich
(die ihn zuerst bemerkt).

Ihr, Obrecht, hier?

Gertrud
(auf ihn zueilend).

Mein Walther, mein Geliebter!

Walther
(ihre Umarmung zurückweisend, zu Frau Diedrich).

Vergebt dem Ausgestoß'nen, wenn noch einmal
Mit seiner fluchbelad'nen Gegenwart
Er dieses stille Heiligthum entweiht.
(Zu Gertrud.)
Wohl sollt' ich Eure holde Nähe meiden,
Und weit von Euch und aller Menschen Stätten
Mit abgewandtem Angesichte flieh'n.
Doch konnt' ich meiner Sehnsucht auch verbieten,
Noch einmal Euch zu seh'n, und Euer Bild,
O theure Gertrud, Euer liebes Bild,
Noch einmal aufgesaugt mit diesen Augen,
Und Eurer süßen Stimme Himmelslaut,
Noch einmal meiner Seele eingeprägt,
Mit mir in die Verbannung fortzutragen?
(Walther zittert heftig und faßt nach einem Stuhl.)

Gertrud.

O, Gott, er wankt!

Frau Diedrich.

Ich bitt' Euch, sitzet nieder
Und ruht Euch aus!

Walther
(nachdem er sich gesetzt).

Vergebt! Ich war sehr krank,
Und bin auch jetzt noch meiner selbst kaum mächtig.

Gertrud.

Du warest krank und warest wol allein,
Der Pfleg' ermangelnd, und ich wußt' es nicht!

Walther.

An jenem Morgen — als das Furchtbare
Geschah — ich war dabei — ich wollte mich
Vom Vater bis zum letzten Hauch nicht trennen.
Zwar wandt' ich vor dem Streich, dem gräßlichen,
Das Aug' hinweg — doch konnt' ich auch das Ohr
Dem Ton, dem markdurchschütternden, verschließen
Und jenem furienhaften Wuthgeschrei,
Womit der Pöbel, die entmenschte Schaar,
Sein blutend Opfer noch im Tode höhnte? —
Da schwanden mir die Sinne — schwarze Nacht
Umfing wohlthätig die gequälte Seele —
Ohnmächtig sank am Fuß des fürchterlichen
Gerüst's ich hin und glaubte dort zu sterben. —
Wie lang' ich so gelegen, weiß ich nicht. —
Als ich erwachte — fand ich mich allein,
Rings Alles öd', nur neben mir weithin
Die blut'ge Spur. — Gepeitscht von neuen Schrecken,

Floh ich hinweg, und fort, und immer weiter,
Bis fern von hier, in unbekannter Flur,
Von Fieberfrost geschüttelt, ich aufs Neu'
Zusammenbrach. Mitleid'ge Menschen trugen
In eine Hütte mich unfern des Wegs.
In wilden Phantasien lag ich dort
Wohl viele Tage lang, in wüsten Träumen
Noch einmal all' das Schreckliche durchlebend. —
Doch endlich siegte meiner Jugend Kraft,
Und ich genas — am Körper. Traur'ge Wohlthat!
Denn, ach, zum Tode krank blieb mir die Seele.
So hab' ich denn daheim mein Haus bestellt,
Und zieh' nun fort auf Nimmerwiederkehren.

Gertrud.
Ich geh' mit Dir! Ich kann Dich nicht verlassen.

Walther
(abwehrend).

Kein Bund ist möglich zwischen Obrecht's Sohn
Und Diedrich's Tochter — des Gerichteten
Und seines Richters. Wessen auch die Schuld,
Die blut'ge That — sie scheidet uns für immer.

Frau Diedrich.
Und wohin geht Ihr? Und was wollt Ihr thun?

Walther.
Wohin ich gehen soll — ich weiß es nicht;
Das weiß ich nur, daß ich nicht bleiben darf.
Gleichviel, in welchem dunklen Erdenwinkel
Ich meinen Schmerz und meine Schande berge,

An jeden Ort wird mich das blut'ge Bild,
Wird mich der fürchterliche Ton verfolgen.
Frau Diedrich.
Nur Eins versprecht mir, Walther! Scheidet nicht
Mit Haß von uns und Eurer Vaterstadt!
Entweihet Eure edle Seele nicht
Durch wilder Rache finst're Regungen!
Walther.
In Eure mütterliche Hand gelob' ich's:
Mit Inbrunst will ich beten fort und fort
Für Euer Wohlergeh'n und Straßburgs Freiheit,
Für die zu kämpfen, ach, mir nicht vergönnt ward. —
Doch eine Bitte hab' ich auch an Euch,
Und Euer mildes Herz wird sie gewähren.
Mein jung Geschwister lass' ich hier zurück, —
Bis ein Asyl für uns ich ausgefunden. —
Verlassen, schutzlos, unterm harten Bann
Des allgemeinen Hasses. Seid, ich fleh' Euch,
Seid ihnen Mutter, wie Ihr's mir gewesen.
Frau Diedrich.
Sie sollen mir gleich eig'nen Kindern sein.
Walther.
Ich wußt' es wohl. Habt Dank! Mir aber gebt,
Dem Scheidenden, den theuren Muttersegen!
Frau Diedrich.
Ach, einen schönern Segen hofft' ich Euch
Zu geben, doch der Himmel wollt' es anders.

Walther
(die Hand nach Gertrud ausstreckend).
So laß mich scheidend diese Hand berühren,
Zum letzten Mal — o furchtbar hartes Wort! —
Wie selig, mit wie andern Hoffnungen
Erfaßt' ich sie vor wenig Wochen nur
Nach langem Abschied wieder — und wie anders
Drück' ich sie heut' zum Abschied, ach, fürs Leben.

Gertrud
(leidenschaftlich).
O, bleibe, Walther, oder nimm mich mit!
Ich kann nicht, kann nicht leben ohne Dich.

Walther.
Es muß geschieden sein. (Zu Frau Diedrich.) Noch ein
mal laßt
Mich küssen diese theu're Mutterhand!

Frau Diedrich
(ihm die andere Hand aufs Haupt legend).
Geb' Euch und uns der Himmel Trost und Frieden!

Dritte Scene.

Diedrich ist unbemerkt eingetreten und tritt jetzt zu der
Gruppe, Vorige.

Diedrich.
Auch meinen Segen nehmt mit Euch hinweg!

Frau Diedrich.

Mein Diedrich!

Gertrud.

Vater!

Frau Diedrich.

Bist Du wieder da?

Walther.

Nicht Euch, Herr Diedrich, wollt' ich hier begegnen.
Straft mich mit Eurem Zorn, daß ich's gewagt,
Noch einmal Eure Schwelle zu betreten!

Diedrich.

Genug des Hasses und des finstern Grolls
Ward schon gehäuft in diesen Unglückstagen.
O, laßt uns das so hochgefüllte Maß
Nicht bis zum Ueberfließen steigen machen!
Mit mir versöhnt starb Euer Vater, Walther;
Mit mir versöhnt zieht Ihr hinaus von hier!
Ich weiß, Ihr hättet gern den letzten Kampf
Um Leben oder Tod mit uns bestanden.
Und wir auch werden Euren tapfern Arm,
Wie Eures Vaters klugen Rath vermissen.
So nehm' der Himmel Euch, den Scheidenden,
In seinen Schutz, wie uns, die Bleibenden!

Walther.

Mich treiben tausend Schrecken fort von hier,
Und tausend Bande halten mich zurück.
O, meine Gertrud! (Gertrud umarmend.)

Gertrud
Walther, theurer Walther!

Walther
(sich losreißend).
Lebt wohl und denket meiner im Gebet!
(Rasch ab.)

Vierte Scene.

Vorige, ohne Walther.
Gertrud bricht wie ohnmächtig zusammen. Diedrich und Frau Diedrich geleiten sie bis zur Thür rechts; dort übergibt sie Diedrich der Frau Diedrich und kehrt in den Vordergrund zurück.

Fünfte Scene.

Diedrich, allein.

Diedrich.
So ist mein Haus veröbet. Fort von hier
Floh jede Freude, und den Einzug hält
Das Unglück durch die weit erschloss'ne Pforte.
Und, wie mein eig'nes, so umdüstert ist
Das allgemeine Schicksal dieser Stadt.

Kein Ausweg bleibt uns mehr und keine Hoffnung
Und wenn wir tapfer fechtend untergeh'n,
Für wen geschieht's? Wo ist der feste Hort,
Zu dem wir sterbend uns're Blicke wenden?
Ist's dieses Deutschland, das uns selbst verstößt?
Sind's diese Fürsten, die sich eitel bläh'n,
Wenn sie der große König Vettern nennt,
Derweil er ihre deutschen Brüder mordet? —
O blut'ger Schatten Obrecht's, klagst Du nicht
Der schweren Schuld mich an, daß ich die Hand,
Die Du mir bot'st, vielleicht zur guten Stunde,
Im falschen Wahn vermessen von mir stieß? —
O Himmel, schenke Klarheit meinem Geist,
Daß ich den rechten Pfad erkennen möge!
Den Tod nicht fürcht' ich; aber furchtbar ist's,
Zu zweifeln, ob der Preis des Sterbens werth.

Sechste Scene.

Frau Diedrich von rechts zurückkommend. Diedrich.

Diedrich.

O sprich, wie geht es uns'rer armen Gertrud?

Frau Diedrich.

Der Thränen Quell, dies Labsal wunder Herzen,

Der erst vom. Uebermaß des jähen Leids
Versteinert schien, strömt reich und immer reicher,
Und löst die Starrheit der gepreßten Seele.

Diedrich.

Mein theures Weib. Schwer sucht uns heim der
Himmel.
Was wir bisjetzt erlitten, ist, so fürcht' ich,
Der Anfang nur von größern Prüfungen.

Frau Diedrich.

So bringst Du keine Hoffnung mit aus Deutschland?

Diedrich.

Nein, keine!

Frau Diedrich.

Wie? so gibt das Reich uns auf?

Diedrich.

Wie es sich selber längst schon aufgegeben.

Frau Diedrich.

Doch unser Kaiser? —

Diedrich.

Ach, der möchte wohl,
Allein ihm fehlt die Macht. Und von den Fürsten
Denkt jeder nur an sich, ans Ganze keiner.

Frau Diedrich.

So werdet Ihr, die kleine Schaar der Bürger,
Den Kampf mit Frankreichs ganzer Macht besteh'n?

Diedrich.

Und werden wir's vermögen? Werden wir
Unrettbar nicht uns selbst und alles opfern?

Frau Diedrich.

Wie's kommen mag, das stellt dem Himmel heim!
Was er auch schickt — Ihr thatet Eure Pflicht.

Diedrich.

O das war meines guten Engels Stimme!
Mit einfach schlichten Worten sprichst Du aus,
Was ich mit grübelnd ungewissem Sinn
In bangen Zweifeln hin und her erwogen.
Ja, laß mich Dir's gesteh'n, kleinmüthig zagt' ich,
Ob recht ich thät', das Aeußerste zu wagen.
Dein klarer Geist beschämt, doch stärkt mich auch;
Er zeigt mir, was ich muß und was ich darf.

Frau Diedrich.

Du selber hast im Ernste nie gezweifelt;
Eh'r wird dies Herz verlernen seinen Schlag,
Eh' es sich wendet von dem Pfad der Ehre.

Diedrich.

Doch nun ein Wort zu Dir, mein theures Weib!
Wir Männer tragen auch das Schwerste leichter,
Doch furchtbar ist der zarten Frauen Loos
Im wilden Strudel krieg'rischen Getümmels.

Frau Diedrich.

Was hast Du vor?

Diedrich.

Ich möchte Dich und Gertrud

Von hier hinweg in sich're Hut entsenden,
Zu einem fernen Gastfreund, eh' die Stadt
Von Feindes Macht noch enger wird umschlossen.

Frau Diedrich.
O laß mit Dir Gefahr und Noth uns theilen!

Diedrich.
Du weißt nicht, was es heißt, wenn alle Bande
Der Ordnung und der zarten Sitte reißen,
Und nur die rohe Kraft das Scepter führt.

Frau Diedrich.
Wohl ahnt mir Schreckliches, doch schrecklicher
Ist nichts, als der Gedanke, Dich allein,
Von uns geschieden, in Gefahr zu wissen.

Diedrich.
O, mein geliebtes Weib, ich fühl's aufs Neu',
Du bist der beß're Theil von meinem Selbst.
So bleib' denn hier und sei mein guter Schutzgeist
Gewappnet bin ich wider jede Schwäche,
Wenn Deine theure Gegenwart mich stärkt.

Frau Diedrich.
Laß uns vereint erwarten, was auch kommt,
Und auf den Himmel bau'n und auf uns selbst!

Diedrich.
Ich hör' die Männer nah'n, die zur Berathung
Bei mir sich sammeln; geh' denn, liebes Weib,
Und send' uns ein paar Krüge alten Weins!

Der Körper braucht der Stärkung, wenn der Geist
Zum schweren Werk des Körpers Hülfe fordert.
(Frau Diedrich ab. Diedrich geht zur Thür und öffnet. Es
treten ein: Röttlin, Fest und Andere.)

Siebente Scene.

Diedrich, Röttlin, Fest und Andere.

Diedrich.
Gott grüß' Euch, Freunde!

Fest und Andere.
Dank, Herr Ammeister!

Röttlin.
Nun, Diedrich, seid Ihr wieder heim aus Deutschland?

Fest.
Was bringt Ihr mit?

Röttlin.
Sagt, wird uns Hülfe werden?

Diedrich.
Setzt Euch, Ihr Männer! Meine Botschaft traf
Euch also richtig. Dank, daß Ihr gekommen!

Röttlin.
Nun aber zögert auch nicht länger! Laßt
Uns hören, was Ihr ausgerichtet!
(Ein Diener bringt Wein. Diedrich schenkt ein und nimmt einen
Becher.)

Diedrich.
　　　　　　　　　　　　　Kommt!
Erst einen Trunk! (Anstoßend.) Aufs Wohlergehn
　　　　　der Stadt
Und tapfern Bürgermuth! Wir brauchen ihn.
　　　　(Die Andern thun Bescheid.)
　　　　　　　　　　　Köttlin.
Ihr seid so wortkarg, so verschlossen, Diedrich;
Auf Eurer Stirne scheint's zu wetterleuchten.
Ich fürcht', Ihr bringt uns keine gute Botschaft!
　　　　　　　　　　　　　Fell.
Was es auch sein mag, theilt es frisch uns mit!
Sind wir doch Männer, die's zu tragen wissen.

　　　　Diedrich (der bisher unruhig umhergegangen, setzt sich).
So setzt Euch denn und hört mich ruhig an! —
Mit welcher Botschaft ich gegangen, wißt Ihr.
Rheinabwärts ritt ich, gegen Frankfurt hin,
Wo jetzt, wie's Euch bewußt, der Reichstag weilt,
Mit Ludwig's Abgesandten unterhandelnd.
Mit fieberhafter Eile trieb mich fort
Des blut'gen Morgens fürchterliches Schauspiel,
Das mir gespenstergleich im Rücken folgte,
Mich jagte vorwärts heiße Ungeduld
Nach rascher Wiederkehr, da ich in Noth
Euch hier verlassen wußte. Oftmals fühlte
Das Roß des Reiters Sporn. Doch, wie ich auch
Das keuchende zu stärkerm Laufe trieb,
Zu Rüste ging der dritte Tag, bevor ich

Einritt ins Thor der alten Kaiserstadt.
Dort, in der Herberg', wo ich eingekehrt,
Vernahm' ich, daß am nächsten Tage just
'ne große Auffahrt der Gesandten all'
Sei angesagt. Hochwicht'ge Dinge ständen,
So hieß es, zur Berathung. „Heida", dacht' ich,
„Eilt die Erfüllung diesmal unsern Wünschen
So ungehofft voran? — Warum auch nicht?
Ist doch so himmelschreiend uns're Noth,
Daß auch die taubsten Ohren sie erschließen,
Die kält'sten Herzen sie erweichen müßte,
Um wieviel mehr die Ersten uns'res Volk's,
Die sich des Reiches feste Säulen nennen!"
So, froher Hoffnung voll, entschlummert' ich,
Und, sanft gewiegt von Träumen bess'rer Art,
Als die seit lange mich allnächtlich quälten,
Dazu ermüdet von dem harten Ritt,
Schlief ungestört ich bis zum hellen Morgen. —
Da weckte mich der Kutschen laut Gerassel
Und der Trabanten Ruf. — Ich flugs zum Römer,
Allwo der Reichstag seine Sitzung hält.
Drei lange, bange Stunden harrt' ich dort,
Die Seele schwankend zwischen Furcht und Hoffnung.
Doch endlich war die Sitzung aus, es kamen
Die Trepp' herabgestiegen die Gesandten,
Bald paarweis, bald zu dreien, heftig sprechend,
Und in den Mienen noch des Kampfs Erregung.
Ich wußte nicht, was thun. Da sah ich den
Von Durlach, wißt Ihr, der oft hier verkehrt.

Den trat ich an und frug ihn: „Lieber Herr,
Wie steht's? Ich bitt' Euch." „O, vortrefflich",
sagt' er,
„Wir haben's durchgesetzt." „Nun, Gott sei Dank!"
Erwidert' ich. „Ja", hub er wieder an,
„Es war ein harter Strauß, doch uns're Seite
Hat triumphirt." — „Nun freilich", sagt' ich d'rauf,
„Euch geht die Sach' auch mit am nächsten an,
Denn, wären wir bezwungen, käm' an Euch
Die Reih' zuerst." — Da sah der Mann mich so
Verwundert an, als ob ich türkisch spräche.
Ich, noch nichts Arges denkend, fragte weiter:
„Nun, und mit wie viel Regimentern wird
Man uns zu Hülfe kommen, und bis wann?"
Jetzt aber zog des Mannes Angesicht
Sich in die Läng', und stotternd fing er an:
„Ja, ich versteh' Euch nicht — was meint Ihr
denn?"
Da schoß es mir auch blitzschnell durchs Gehirn
Von banger Ahnung schwärzesten Gedanken;
Ich fühlte, daß ich blaß ward; kalter Angstschweiß
Bedeckte meine Stirn, es stockte mir
Die Zung' im Mund, als ich zurück ihm gab:
„Um Gott, wovon war denn die Frage d'rin?"
„Nun", sagt' er, wieder lächelnd, und die Rede
Floß ihm vom Mund wie Honig. „Wißt Ihr's nicht?
Der alte Streit, der viele Jahre schon
Den Reichstag spaltet — heut' ward er entschieden.
Von heut' an dürfen wir, die fürstlichen

Gesandten, gleich den kurfürstlichen, auch
Auf rothen Stühlen sitzen und auf Gold
Uns Speis' und Trank bei Tisch credenzen lassen."
Und dabei schaut' er so vergnüglich drein,
Als sei das Reich aus großer Noth gerettet.
Mir aber ward so weh ums Herz, so weh;
Es wankten mir die Füße unter'm Leib,
Daß ich mich halten mußt', um nicht zu sinken.
„Herr Gott im Himmel!" — brach ich endlich los,
„Ist das ein Reichstag deutscher Nation,
Wo man um solche Kindereien streitet,
Dieweil des Reiches bestes Bollwerk, Straßburg,
Um Hülfe schreit aus seiner tiefsten Noth?"
„Ich bitt' Euch", rief er, „macht kein Aufseh'n hier!"
(Ich hatt' so laut geschrieen vor Entrüstung,
Daß sich die Leute um uns sammelten.)
D'rauf ließ er mich mit kurzem Bückling steh'n
Und schlüpfte aalgleich durch die dichte Menge.
Mir aber half ein wack'rer Bürgersmann,
Der sah, wie mir die Glieder zitterten,
Mitleid'gen Sinnes heim zu meiner Herberg'. —
Als meiner selbst ich wieder mächtig war,
Da rafft' ich mich noch einmal auf und ging
Zum kaiserlichen Principalgesandten,
Dem ich mein schwergepreßtes Herz erschloß.
Der hörte mich theilnehmend an und sprach:
„Ihr habt geseh'n, wie hier die Dinge steh'n!"
„Ja wohl", erwidert' ich, „ich hab's geseh'n!"
„Versuchen will ich's, Euch das Wort zu reden,

Doch bauet auf des Reiches Hülfe nicht!
Verläßt das Reich doch seinen Kaiser selbst
Im harten Kampfe mit den wilden Horden
Des gräul'chen Islam, die der König Frankreichs,
Der sich den «Allerchristlichsten» benennt,
Heimtückisch hetzt aufs Haupt der Christenheit!
So geht und sucht Euch, wie Ihr könnt, zu retten!"
So ging ich denn, ließ flugs mein Roß mir satteln,
Ritt heimwärts über'n Rhein ohn' Aufenthalt —
Und also, lieben Freunde, bin ich hier.
(Längere Pause des Schweigens.)

Fell.
Und was soll nun gescheh'n?

Diedrich.
Laßt mich erst hören,
Wie's hier bei Euch indeß ergangen ist.

Röttlin.
Kaum besser, als da drauß! Wie Ihr geweissagt,
So ist's gekommen! — Obrecht's blut'ger Tod
Hat Schrecken in der Bürgerschaft verbreitet
Und der Geschlechter hochverräth'risch Abseh'n,
Die Stadt zu übergeben, nur gezeitigt.

Fest.
Kaum war't Ihr fort, so kam der Resident
Mit einer neuen Forb'rung angezogen.

Diedrich.
Und was verlangt' er?

Röttlin.
Daß die Schweizer Truppen,
Die wir zum Schutz der Stadt besoldeten,
Entlassen würden. Wenn die Stadt, so sagt' er,
Neutral zu bleiben fest entschlossen sei,
Wozu dann brauchten wir der fremden Söldner?
Drum, wenn wir dennoch sie behielten, wär's
Gleich einer Kriegserklärung wider Frankreich.

Diedrich.
Ihr habt Euch dieser Ford'rung doch geweigert?

Fest.
Als sie der Rath zum ersten Mal erwog,
Da wagte keiner ihr das Wort zu reden,
Selbst nicht von den Geschlechtern. Nur Herr Günzer
Erklärte trocken, daß der städt'sche Seckel
Durch dieses Soldes lange Dau'r erschöpft sei
Und einer neuen Steuer schier benöth'ge.
Darob erhob sich in der Bürgerschaft
Gar laute Wehklag'. Unerträglich sei,
So hieß es, jetzt schon dieser Steuer Bürde,
Erliegen müß' das Volk bei solcher Last,
Wenn man noch größ're Opfer von ihm heische.
So stürmten sie mit Bitten in den Rath,
Doch lieber nachzugeben, eh' die Noth
Aufs Höchste steige. Auch der Resident
Ward dringender von Tag zu Tag. Umsonst,
Daß wir den Rath beschworen auszuharren.
Ihr fehltet uns und Eu'r gewicht'ges Anseh'n —

Denn die Geschlechter heuchelten voll Arglist,
Es jamm're sie des armen Volkes nur.
Sie haben ihren schnöden Zweck erreicht,
Und gestern sind die Schweizer abgezogen.
    Diedrich (aufspringend).
So hab' ich zwiefach denn mein Ziel verfehlt;
Mit leeren Händen kehr' ich selbst zurück,
Und hier indeß ging Alles uns verloren!

Achte Scene.
Ein Bote. Vorige.
Bote.
So eben hat ein Trupp Französischer
Die Schanz' am Rhein heimtückisch überfallen.
Zu schwach ist die Besatzung (da seit gestern
Die Schweizer uns verließen), um allein
Der Uebermacht des Feindes Stand zu halten.
Drum hat der Hauptmann eilends mich entsandt,
Und läßt um schleun'gen Zuzug Euch ersuchen.
    Diedrich.
So will sich unser Schicksal schnell vollenden.
Wohlan! Wir sind bereit zum letzten Kampf!
Kommt, Freunde, kommt! Ich selber führ' Euch an.
 (Einen Schrank in der Mauer öffnend.)

Kommt, hier sind Waffen! Nehmt und macht Euch
wehrhaft!
(Zum Boten.)
Ihr holt indeß die Wache dort vom Rathhaus;
Und wen Ihr sonst von Bürgern treffen mögt,
Entbietet sie sogleich zu meinem Hause!
(Bote ab. Diedrich die Thür links öffnend.)
Mein liebes Weib! (Frau Diedrich erscheint.) Komm, laß
uns Abschied nehmen!
Es gilt den ersten Strauß um unf're Freiheit.

Frau Diedrich.
Nehm' Euch der gnäd'ge Gott in seinen Schutz
Und lasse siegen die gerechte Sache!

Diedrich (seine Frau küssend).
Bring' meiner lieben Gertrud diesen Kuß
Und sei getrost! Wir sehen froh uns wieder.
(Zu den Andern gewendet.)
Wohlan denn, Freunde, kommt, daß diesen Welschen
Wir zeigen, wie ein deutscher Bürger ficht,
Wenn er zum Kampfe zieht für Weib und Kind,
Für seinen Herd und seine Vaterstadt!
Der Uebermacht des Feindes werfen wir
Furchtlos die tapf're Männerbrust entgegen,
Und unf're Losung sei: Straßburg und Deutschland!

Die Andern.
Straßburg und Deutschland!
(Der Vorhang fällt.)

Fünfter Act.

Erste Scene.

Zimmer in Diedrich's Haus wie im zweiten Act erste Scene.
Gertrud. Frau Diedrich.

Gertrud (am Fenster).
Da kommt der Vater.

Frau Diedrich.
So sei Gott gelobt,
Der uns sein theures Leben hat erhalten!
(Nach der Thür eilend, begegnet sie dem eintretenden Diedrich. Hinter ihm treten ein Fest, Röttlin und Andere. Diedrich trägt den Arm im Bunde.)

Zweite Scene.

Frau Diedrich.
Mein theurer Mann! Doch wie? Du bist verwundet!

Diedrich.
Sei ruhig, liebes Weib! 's hat nichts zu sagen.
Ein Streifschuß hat mir nur den Arm gefleischt.
Das Eine schmerzt mich, daß ich wehrlos bin
Für ein paar Tage. Und wer weiß, wie bald
Das Schicksal uns'rer Stadt sich muß entscheiden.
Röttlin.
Leiht uns nur Euren Kopf und Euren Willen!
An tapfern Armen soll kein Mangel sein.
Diedrich (zu den Frauen).
Laßt uns allein, wir müssen flugs berathen,
Was nun zu thun.

Dritte Scene.

Vorige ohne diese Beiden.

Diedrich.
Kommt, Freunde, sitzet nieder,
Und ruht Euch aus!
Ein Diener (meldet).
Ein Bote kam von Frankfurt,
Und will Euch sprechen.
Diedrich.
Wohl, so laß ihn ein!
(Diener ab.)

(Zu den Andern.)
Wie, wär's den Herren doch noch leid geworden,
Und käm' uns Hülf' im letzten Augenblick?

Vierte Scene.

Vorige. Bote.

Diedrich (zu dem Boten).
Was bringt Ihr uns?

Bote.
Vom Reichstag dieses Schreiben.
(Gibt das Schreiben an Diedrich und spricht, während Diedrich
liest, zu den Andern).
Verstohlen mußt' ich schiffen über'n Rhein
Und mich bei Nacht durch Feindes Lager schleichen,
Um in die Stadt zu kommen, denn es wimmelt
Rings von Franzosen.

Diedrich
(hat gelesen, wirft das Schreiben auf den Tisch und öffnet ein
Schreibfach, worin Papiere liegen).
Weiter also nichts?
Seht her! Drei, vier, fünf Schreiben schon vom
Reichstag
Mit guten Wünschen, mit Versprechungen,
Mit Mahnungen zur Ausdau'r. Wenn Ihr Nichts,
Als zu den fünfen noch das sechste bringt,
Traun, Freund, so war es schad' um Euren Kopf,
Den Ihr aufs Spiel gesetzt bei diesem Wagniß.

Geht denn zurück und sagt den Herren an:
Was uns zu thun geziemt, das wissen wir
Als Bürger dieser Stadt, als Ehrenmänner,
Und als des Reichs getreue Unterthanen.
Wenn uns das Reich verläßt in dieser Noth,
Dann Schmach dem Reich! Wir aber werden den=
noch —
So weit's nach mir und diesen Männern geht —
Den letzten Kampf mit tapferm Muth besteh'n,
Und, muß es sein, mit Ehren untergeh'n;
(Gibt dem Boten ein Zeichen; dieser ab.)

Fünfte Scene.

Vorige ohne den Boten.

Diedrich.

Nun denn zur Sache! Gebet Acht, der Feind,
Durch diesen ersten Sieg nur mehr ermuthigt,
Wird bald von allen Seiten uns bedrängen.
Da heißt es, wachsam sein. Zwar ließ ich schon
Die Bürgerschaft die Wälle rings besetzen;
Doch acht' ich's gut, Ihr geht, der Eine da,
Der Andre dort, die Wachen zu besicht'gen,
Um durch das Anseh'n Eurer Gegenwart
Zu größ'rem Kampfesmuth sie anzuspornen.
Auch bitt' ich, sendet einen Boten aus,

Der von des Münsters allerhöchster Spitze
Weitaus ins Land mit scharfem Auge späh',
Der Feinde Stärk' und Stellung zu erkunden.
Ich geb' indeß die weiteren Befehle,
Und harre hier auf Eure Wiederkehr.
(Fest und die Andern wollen abgehen, in der Thür begegnet ihnen ein Bote.)

Sechste Scene.

Vorige Bote.

Bote (Diedrich ein Schreiben gebend).
Vom Residenten.
(Geht ab.)

Siebente Scene.

Diedrich (die Andern zurückhaltend).
Bleibt, bis ich gelesen!
(Liest das Schreiben.)
Ja, ja, das hat schon anders Hand und Fuß.
Der Resident verlangt, daß wir alsbald
Gutwillig uns dem König unterwerfen,

Und seiner Gnade uns gewärtig halten.
Wofern wir zögern, soll die Stadt mit Sturm
Genommen und nach strengem Recht des Siegers
Behandelt werden. Nun — was sagt Ihr, Männer?

Röttlin.
Daß uns des Feindes Droh'n so wenig schreckt,
Wie uns der Freunde Lauheit darf entmuth'gen.

Fest.
Nur um so rascher laßt ans Werk uns geh'n,
Des Feindes Angriff tapfer zu empfangen!

Diedrich.
So bleib'ts dabei, Ihr visitirt die Wachen,
Und bringt mir Kunde — doch aufs Rathhaus nun,
Denn Antwort heischt des Residenten Schreiben.
Ich geh' dahin voraus. Und helfe Gott
Der guten Sache dort durch uns zum Siege,
Daß Straßburg nicht durch Straßburg unterliege.

(Fest, Röttlin und die Andern ab.)

Achte Scene.

Diedrich allein.

Diedrich
(nach der Thür links gehend und hinaus rufend).
Bringt mir mein Amtsgewand, ich muß zur Sitzung!

Neunte Scene.

Diedrich, Wolfram mit einer Schaar.

Wolfram.
Geht nicht aufs Rathhaus! Unterhandelt nicht!
Bei Eurem Kopf! Ich schwör's Euch, wenn Ihr's thut,
Reißt Euch das Volk in Stücken.

Diedrich.
Wenn das Volk
Zum Widerstand so tapfer sich erweist,
Wird das Verhandeln bald ein Ende haben.

Wolfram.
Noch einmal sag' ich's Euch: geht nicht aufs Rathhaus!
Was ist der Rath der Dreizehn? Nichts, ein Schatten.
Das Volk allein ist Alles. Beugt Euch drum
Des Volkes Willen!

Diedrich.
Nimmer hört' ich noch,
Daß Rettung einer Stadt von daher kam,
Wenn sie in sich die feste Ordnung brach;
Und Jeder herrschen, Keiner wollt' gehorchen.
Nehmt Euren Platz im Rath und steht uns bei,
Dem Kleinmuth und der Arglist Stand zu halten;
Doch ehret den Beschluß der Obrigkeit,
Und tastet frevelnd nicht ihr Anseh'n an!

Wolfram.
Ihr bleibt ein Schwätzer bis zur letzten Stunde.
(Zu seinen Genossen.)
So laßt ihn geh'n und folget mir zum Frischmann!
Der muß hinweg, wir machen reine Wirthschaft.
Dann kommen wir zum Rathhaus, aber nicht,
Um zu verhandeln, nein, um Euch, Ihr Herr'n,
Des Volkes ganze Majestät zu zeigen.

Rufe:
Hurrah, zum Frischmann! Nieder mit den Welschen!
(Ab.)

Zehnte Scene.

Diedrich allein.

Diedrich (ihnen nachrufend).
Seid Ihr von Sinnen? Wolfram! Haltet ein!
Ich bitt' Euch. Wollt Ihr Alles denn verderben?
Da geh'n sie hin, die Aberwitzigen,
Und hören nicht der Warnung ernste Stimme.
Ja, wie an seiner Fürsten Eigennutz
Das deutsche Reich sich rettungslos verblutet,
So tobt hier in blinder Wuth das Volk,
Und stößt sich selbst ins Herz die Todeswaffe.
Hab' ich an Wolfram's wilder Leidenschaft
Jetzt Wort und Anseh'n fruchtlos nur verschwendet,

So werb' ich jene kalten Herzen dort
Mit der Begeist'rung Stab vergebens rühren.
Und dennoch sei's versucht.
(Frau Diedrich und Gertrud kommen zurück, Mantel, Kette und Baret bringend.)

Elfte Scene.

Diedrich. Frau Diedrich. Gertrud.

Diedrich.
Kommt, schmücket mich
Noch einmal denn mit meines Amtes Zeichen,
Wie Ihr's in bessern Tagen oft gethan!
(Er nimmt Mantel und Kette um.)
Des Himmels Segen fleht herab auf mich!
Es ist der schwer'ste Gang in meinem Leben.

Zwölfte Scene.

Ein Diener des Raths. Vorige.

Diener.
Mich sendet eilig Meister Fest zu Euch.

Die Bürger seien tapfern Muthes voll,
Doch fehlt's an Schießbedarf.

Diedrich.
Wie ist das möglich?
Ich ließ erst heut' für frischen Vorrath sorgen.

Diener.
Es scheint, daß dem Befehl man nicht gehorcht,
Vielleicht aus Lässigkeit.

Diedrich.
Nein, 's ist Verrath!
O schändlich! Fängt das Spiel schon also an?
Doch soll's Euch nicht gelingen. Dank dem Himmel,
Ich hab' auch solche Fälle vorbedacht.
(Ein Nebengemach öffnend.)
Hier ist genug an Kugeln und Patronen
Für ein paar Stunden. Unterdessen sorgen
Wir für das Weit're. Nur an Händen fehlt's,
Denn alle Männer sandt' ich auf die Posten.

Frau Diedrich.
Laßt Frauenhand der Männer Arm ersetzen!
Die Nachbarinnen rufen wir herbei
Von Haus zu Haus und bringen schnell bereit
Das tödtliche Geschoß den wackern Kämpfern.

Diedrich.
Brav, gutes Weib! Doch bleibe Du daheim,
Weil ich vom Haus entfernt bin! Manches könnte
Zu schaffen sein, was rasches Handeln heischt.
Laß uns're Gertrud geh'n!

Gertrud.
                    Dank, theurer Vater,
Daß Du mich solchen Dienstes würdig hältst!
Du sollst zufrieden sein mit Deiner Tochter.
(Will abgehen, in diesem Augenblick tritt **Walther** rasch ein.)

Dreizehnte Scene.

Walther. Vorige.

                            Gertrud.
O Himmel, Walther!
                                Walther.
                        Eilt, die Stadt zu retten
Vor tück'schem Ueberfall!
                                Diedrich.
                            Was ist's? Sagt an!
                                Walther.
Als ich die Stadt verließ, sah ich mich plötzlich
Umringt von einer Schaar Französischer,
Die heimlich schleichend sich den Wällen nahten.
Da rasch beschloß ich, meines Vaters Namen,
Den schwer verfehmten, sühnend auszulösen,
Zum Retter ihn zu machen für die Stadt.
Leicht fand ich Glauben, da als Obrecht's Sohn
Ich rachedürstend mich geberdete,
Und mich erbot, dem Feind die schwächste Seite

Der Stadt zu zeigen. — Gott vergebe mir
Die Lüge! Doch im Krieg gilt jede List. —
So führt' ich sie auf vielverschlungnen Pfaden
Weitab von ihrem Ziel, gerade dorthin,
Wo sich am stärksten wölbt der Mauern Kranz.
D'rauf stell' ich mich, als wollt' ich insgeheim
Durch ein verborg'nes Pförtchen in die Stadt
Mich schleichen, um von innen leichter dann
Den Stürmenden den Zugang zu erschließen.
Dieweil sie so, betrogen, meiner harren,
Führ' ich Euch rasch zum Ausfall wider sie,
Wo sie sich deß am Wenigsten gewärt'gen.
Diedrich.
O eble Rache einer großen Seele!
Nein, Straßburg, nein, noch bist Du nicht verloren,
Da solche Bürgertugend Dich bewacht.
Gertrud.
O nimm mich mit auf Deinen Heldengang!
Ich reiche Dir die Kugel in den Lauf.
Der Himmel ist uns gnädig: er vereint
Noch einmal uns, und wär' es auch im Tode.
(Ihre Eltern umarmend.)
Lebt wohl!
Walther (ihnen die Hand reichend).
Lebt wohl!
Frau Diedrich.
Gott schütz' Euch, meine Kinder!
(Alle ab; Diedrich durch die Mittelthür, die Andern in das Neben=
gemach.)
(Verwandlung.)

Vierzehnte Scene.

Rathssaal. Diedrich, Günzer, Hilmert, Engelhardt, Werner und andere Rathsherren treten ein und nehmen an der Tafel Platz.

Diedrich.
Ihr kennt die neue Botschaft Frischmann's schon?
Was frag' ich noch? (Zu Günzer und den Andern.)
In Eu'ren Mienen les' ich
Hohnlächelnden Triumph ob unser'n Fall.
So werft die heuchlerische Maske ab,
In der Ihr Euch bis heut' noch immer bargt,
Und ruft herbei, was lang' schon Ihr ersehntet,
Die Herrschaft Frankreichs und die Knechtschaft Straß=
burgs!

Hilmert.
Was redet Ihr Euch doch in solche Hitze?
Sagt lieber an, wie Eure Sendung Ihr
Vollführt, und was Ihr mitgebracht aus Frankfurt!

Diedrich.
Nur allzuwenig ist's, Ihr wißt es wohl.

Günzer.
Und worauf also wagt Ihr noch zu pochen?
Meint Ihr, mit Eurem Volk von den Gewerken
Die Stadt zu halten wider Ludwig's Heer?

Diedrich.
Euch steht es so, zu spotten, trefflich an!
Die tapfern Schweizer habt Ihr fortgeschickt.
Wer, frag' ich, gab Euch dazu die Befugniß?

Günzer.
Fragt lieber, wer das Geld gegeben hätte,
Wenn wir noch länger sie behalten wollten.

Fest.
Laßt uns die Zeit mit Haber nicht vergeuden,
Da schon der Feind sich unsern Mauern naht.

Diedrich.
Nun, also, kurz und gut: Wollt Ihr die Stadt
Vertheid'gen helfen bis zum letzten Hauch?

Hilmert.
Unmöglich ist's. Ihr selber müßt es seh'n.

Diedrich.
Nichts ist unmöglich festem Mannesmuth,
Der Alles freudig an das Höchste setzt.

Engelhardt.
Ich bitt' Euch, denkt an's Wohl der Bürgerschaft!
Kommt's erst zum Sturm, Du lieber Gott! so sind wir
Mit Weib und Kind und Hab' und Gut verloren.

Diedrich.
Ich hab' daheim ein Weib — kein beff'res gibt's;
Ich hab' 'ne Tochter, meines Herzens Wonne,
Und Geld und Gut die Füll'; doch Alles geb' ich
Mitsammt dem eig'nen Leben freudig hin,
Kann ich die theure Vaterstadt erretten.

Günzer.
Man weiß es, daß Ihr gern den Römer spielt;
Doch sind wir hier in Straßburg, nicht in Rom.

Diedrich.
Wohlan! Laßt uns die Bürgerschaft befragen,
Wie's alter Brauch in solcher höchsten Noth!
Ich gab Befehl, die Zünfte zu berufen.
Sie sollen richten zwischen Euch und mir.

Diener (meldend).
Die Zünfte sind versammelt auf dem Markt.

Diedrich.
So laßt hinaus uns geh'n! Und mag der Spruch
Der Bürger Eu're Feigheit Lügen strafen!
(Diedrich und die Andern erheben sich und gehen nach der Thür im Hintergrunde.)
(Verwandlung.)
(Vorfallend auf Coulisse 1.)

Funfzehnte Scene.

Gegend auf dem Wall; vorn rechts ein Stück niedere Brustwehr sichtbar. — Von links kommen Walther mit Bewaffneten, Gertrud und andere Frauen, Munition tragend.

Walther.
Noch einen solchen wackern Angriff, Männer,
So werft Ihr vollends nieder sie vom Wall.
Ihr, Frauen, haltet Euch im sichern Schutz
Der Brustwehr, fern vom blut'gen Männerwerke!

Gertrud.

Laß mich Dir folgen! Wen'ger werd' ich zittern,
Wenn ich Dir nah', als wenn ich fern von Dir
Im Kampf Dich weiß. Bin ich nicht Straßburgs
    Tochter?

Ein Bürger
(rechts in die Coulisse sehend, über die Brustwehr gebeugt).

Ein neuer Haufe stürmt von dort herauf.

Walther.

Wohl denn! So sei die frische Arbeit mein,
Das halbgethane Werk vollendet Ihr!
Und wer zuerst als Sieger wiederkehrt,
Der harr' des Andern hier! Auf, auf! für Straß=
    burg!

(Nach rechts ab, von Einigen gefolgt, während die Andern nach links gehen. Man hört rechts hinter der Scene schießen. — Nach ganz kurzer Pause kommen einige Verwundete von rechts und gehen über die Bühne nach links in die Coulisse.)

Sechzehnte Scene.

Walther, von Gertrud geführt, tritt von rechts auf.
Sie läßt ihn sanft auf die Brustwehr nieder, und setzt
sich selbst, sein Haupt an ihre Brust lehnend.

Walther.

Mein Leben strömt dahin mit meinem Blut.
Dank Dir, o Gott, Du hast mich hoch begnadet!
Ich durfte sterben für mein Vaterland,

Und sterbend sühnen meines Hauses Schande.
Und daß ich sterb' in Deiner süßen Näh',
O meine Gertrud, das ist mehr des Glücks,
Als gestern noch ich nur zu träumen wagte.
So lebe wohl!

Gertrud.

Ich scheide nicht von Dir,
Noch Du von mir; wie ich zum Kampf Dir folgte,
So geh'n vereint wir auch den letzten Gang.
Zwei Kugeln fanden ihren Weg zugleich
In uns're beiden engverbund'nen Herzen.
Der Tod ist milder, als das Leben war;
Er einet sanft, was jenes rauh geschieden.
Ach, meine Eltern! Möge Gott sie trösten!
Die Sinne schwinden mir. (Seine Hand fassend.) Ich geh'
voran.

(Stirbt.)

Walther
(sich noch einmal aufrichtend).

Entflieh mir nicht! — Was zögerst Du, o Tod? —
Er naht, er naht! Dank Dir! — ich folge gern. —
Straßburg, sei treu, wie ich, Dein Sohn, es war!

(Stirbt.)

Siebzehnte Scene.

Von rechts bringen französische Soldaten ein, kämpfende Bürger vor sich nach links in die Coulisse treibend. Zuletzt ein Offizier; als dieser die beiden Entseelten sieht, ruft er seinen Soldaten, die noch auf der Bühne sind, „Halt!" zu, entblößt sein Haupt, senkt den Degen und sagt:

Offizier.
Achtung der Tapferkeit beim Feinde auch!
(Die Soldaten entblößen gleichfalls ihre Häupter und senken die Gewehre. Der Offizier nimmt einem Soldaten die Fahne aus der Hand und deckt sie über die Beiden.)
Tragt sie hinweg und sorgt für ihr Begräbniß!
(Auf einen Wink von ihm werden sie nach links in die Coulisse getragen; Offizier und Soldaten folgen langsam.)

(Verwandlung.)

(Der Vorhang wird aufgezogen, man sieht den Marktplatz mit dem Rathhaus zur Rechten, wie in der ersten Scene des ersten Actes; auf der Freitreppe des Rathhauses der Rath der Dreizehn, auf dem Markte Volk.)

Achtzehnte Scene.

Diedrich, Fest, Glünzer u. s. w.

Ein Zunftmeister
(aus der Mitte des Volkes heraus).
Auf dieser Seit' ist Alles für den Frieden.

Zunftmeister der Schneider.
Das ist nicht wahr! Wir sind noch nicht befragt!
Diedrich.
Sagt Eu're Meinung!
Zunftmeister der Schneider.
Nichts von Uebergabe!
Wir wollen kämpfen.
Hilmert (halblaut).
Pah! 's ist Schneidermuth!
Der denkt, weil er die Nadel fleißig rührt,
So könn' er auch das Schwert wohl tapfer führen.
Diedrich.
Pfui über Euch, die Ihr Euch Edle nennt!
O wär' in Eu'ren ausgedörrten Adern
Ein Tropfen nur von dieses wackern Mannes
Begeisterung für die gemeine Sache,
Wir böten heut' noch Trotz der Uebermacht.

Neunzehnte Scene.

Vorige. Ein Bürger.

Ein Bürger
(rasch von links kommend).
Flieht! Flieht! Die Feinde sind mir auf den Ferfen.

Fest.
Das lügt die Furcht aus Euch. Noch eben sah ich
Sie g'rade dort (nach links zeigend) durch Obrecht's tapf're
Schaar
Vom Wall hinabgeworfen in die Gräben.

Zwanzigste Scene.

Vorige. Röttlin während der letzten Worte Fest's
auch von links auftretend.

Röttlin.
Nur allzu wahr ist's leider! (Zu Diedrich.) Edler
Diedrich,
Ich bring' Euch eine schmerzensvolle Kunde.

Diedrich.
Sagt an, was ist geschehen?

Röttlin.
Zweimal hatte
Obrecht mit heldenmüth'ger Hand den Feind
Zurückgeschlagen. Doch bei'm dritten Anlauf
Fiel er, getroffen, und an seiner Seite
Sank Eu're Gertrud, gleichen Schicksals Raub.

Diedrich.
Das Opfer ist gebracht — und ach, umsonst!
Ihr Glücklichen, die so der Himmel einte

Im Tod für Straßburgs Freiheit! Ruhet sanft! —
O meine Kinder! o mein armes Weib! —
Doch jetzt ist nicht die Zeit zu müß'ger Klage!
(Zum Volke gewendet.)
Auf, Bürger, auf! Wer Kraft noch fühlt zum Streit,
Der nehm' zur Hand, was er von Waffen findet,
Und eil' hierher! Ich selber führ' Euch an.
Noch kann die Linke wohl das Schwert regieren.
's ist nur der eine Punkt — den nehmen wir
Dem Feinde wieder ab; die andern halten
Sich tapfer noch. Drum fort und nicht gesäumt!

Zunftmeister der Schneider.
Auf, Zunftgenossen, thut, was er Euch sagt!

Ein andrer Zunftmeister.
Wär's besser nicht, man unterhandelte,
Bevor's zu spät?

Zunftmeister der Schneider.
Nein, keine Unterhandlung!
Fort, zu den Waffen! Folgt mir, Zunftgenossen!
(Ab mit den Seinen.)

Ein Bürger.
Was meint Ihr, Nachbar?

Ein andrer Bürger.
Gehen wir nach Haus,

Und bleiben bei den Unsern! Mit dem Fechten
Ist's doch vorbei.

Dritter Bürger.
Mein Seel', das denk' ich auch.
(Einer nach dem Andern schleicht sich fort.)

Einundzwanzigste Scene.

Vorige, Wolfram und Genossen.

Wolfram.
Wir sind verloren! Rette sich, wer kann!
Von allen Seiten bringt der Feind herein.

Diedrich.
Ist das der trotz'ge Muth, mit dem Ihr prahltet?
Maulhelden Ihr, elende Feiglinge!
Jetzt zeigt die Brust dem Feinde, nicht den Rücken!

Wolfram.
Mit Euch, Verräther, hab' ich Nichts zu schaffen.
Ihr habt das Volk verachtet; nun genießt
Die Früchte Eures Thuns! Wir wollen lieber
Französisch sein, als länger Eu're Knechte.
Kommt! Fort, und laßt die großen Herren steh'n!
(Ab mit seiner Schaar. Der Platz hat sich geleert.)

Zweiundzwanzigste Scene.

Vorige ohne Wolfram und Genossen.

Günzer.

Ihr seht, das Volk ist gegen Euch, Herr Diedrich.
So gebt Euch endlich drein, und laßt uns geh'n,
Den Sieger zu empfangen und die Stadt
Der Gunst des neuen Herrschers zu empfehlen!

Diedrich.

Thut, was Ihr dürft! Mir aber sinnt nicht an,
Daß uns're Schmach ich durch mein Wort be=
sieg'le.
Ich hab' mein Amt mit Ehren stets geführt,
Und nicht in Schanden will ich's enden lassen.
Hier geb' ich's auf.

(Sein Amtskleid abnehmend.)

Hinweg, du eitle Lüge,
Marklose Hülle, der die Kraft entwich,
Gehorsam zu empfah'n und zu gebieten!

(Die Kette abnehmend.)

Und du, einst Ehrenschmuck, jetzt nur noch Sinn=
bild
Der Sklavenkette, die an Ludwig's Thron
Anschmieden soll die alte Freiheit Straßburgs —
Hinweg! Wie Feuer brennst du meinen Nacken.

(Günzer, Hilmert und Andere gehen fort, — sie bedeuten Rött=
lin und Fest, mitzugehen, die dies aber durch Zeichen ablehnen.)

Diedrich.

Geht, geht, und krönet Euer schamlos Werk,
Und lasset uns die Scham für Euch zurück! —
O Straßburg, hab' ich Dich nicht werth gehalten
Gleich einem theuern Weib, dem ich vermählt?
Nun, wie ein Hahnrei, fühl' ich mich gebrandmarkt,
Da Du so schlecht Dich Deiner Ehre wehrst. —
Wo ist sie, jene muth'ge Bürgerschaft,
Auf die ich stolz einst war, für die ich einst
Mein Wort verpfändet wider Obrecht's Spott?
Zum Spotte ward ich selbst und mein Vertrau'n!
Und was ich in Jahrzehnten auferbaut,
Das stürzt ein einz'ger Augenblick in Trümmern.
(Zu Fest und Röttlin.)
Kommt, meine Freunde! Laßt uns uns're Schmach
Ein Jeglicher in seinem Haus verbergen!
Damit der übermüth'ge Sieger nicht
Auf seinem Weg uns, die Besiegten, finde!
(Ab nach dem Hintergrunde.)
(Der Marktplatz ist einige Augenblicke ganz leer. Kriegerische Musik hinter der Scene.)

Dreiundzwanzigste Scene.

Frischmann, französische Offiziere, Günzer, Hilmert und französische Soldaten, die den Marktplatz auf beiden Seiten umstellen, sodaß nur der Hintergrund frei bleibt.

Frischmann.

So nehm' ich denn Besitz von dieser Stadt
Im Namen Ludwig's, meines Herrn und Königs.
(Kriegerischer Tusch, Fahnenschwenken.)
Herab mit jenem Banner! (Nach dem Rathhausbalkon zeigend.)
Pflanzt dafür
Die Fahne mit den Lilien Frankreichs auf!
(Dies geschieht. Neuer Tusch.)
Herr Günzer! (Günzer tritt ehrerbietig vor und verneigt sich tief.)
Euch ernennt zum Haupt der Stadt
Mein königlicher Herr, und lohnet so
Die Treu', die Ihr in unserm Dienst bewiesen,
Und die Ihr fürder auch beweisen werdet.
Präfect von Straßburg, seid von mir beglückwünscht!
(Günzer verbeugt sich dankend.)
Wo ist der weiland Bürgermeister Diebrich?
Warum versäumt er, uns zu huldigen,
Und unf'res Königs Gnade anzufleh'n?

Günzer.

Er gab sein Amt in unf're Hand zurück,
Weil er die Stadt nicht überliefern wollte.

Frischmann.

Bringt ihn herbei! (Zu einem Officier, welcher darauf abgeht.)
Indessen künden wir
Euch ferner an, daß der hochwürd'ge Bischof
Von Fürstenberg kraft königlichen Briefs
Besitz wird nehmen von dem heil'gen Dom,
Aufs Neu' ihn weihend für den Dienst der Kirche,
Der er zu lange schon entzogen war.

Günzer.
Doch gabt Ihr Hoffnung uns, Herr Resident —

Frischmann.
Wagt sich hier wer zu rühren, wenn durch mich
Die Majestät von Frankreich zu Euch redet?
(Man sieht im Hintergrunde eine Procession mit Fahnen, Gesang u. s. w.
in den Dom einziehen.)

Vierundzwanzigste Scene.
Vorige. Diedrich.

Frischmann.
Warum entzieht Ihr unserm Anblick Euch?
Wollt Ihr im letzten Augenblick noch trotzen?

Diedrich.
Als Bürger ehr' ich den Beschluß des Raths,
Der diese Stadt in Eu're Hand gegeben.
Doch ehrt auch Ihr des Bürgers heil'gen Schmerz,
Der trauernd nur in solches Loos sich schickt.

Frischmann.
Ihr habt durch Eu'ren langen Widerstand
Uns schwer beleidigt. Allzu gnädig ist
Mein Herr, der König, wenn, statt Euch zu strafen,
Er nur ein sich'res Unterpfand verlangt
Für Eu're künft'ge Treu' als Unterthan.

Diedrich.

Und was begehrt er?

Frischmann.

Straßburg ist fortan
Ein Theil von jenen weiten, schönen Landen,
Die meines Herrn glorreichem Scepter huld'gen.
Der König will, daß seine Unterthanen,
Wie gleich an Lieb' zu ihm und an Gehorsam,
Auch Eines sollen sein in jenem Glauben,
Dem er, der allerchristlichste Monarch,
Als stärkster Hort und größte Zierde dient.
Nicht zwingen möcht' er die Gewissen zwar,
Doch er verhofft, daß sich freiwillig hier,
Wie allerwärts, die Herzen wenden werden
Zum Dienst der Kirche, die allein beseligt.
(Zu Diedrich, Günzer und den Andern.)
Von Euch, die Ihr die Ersten dieser Stadt,
Erwartet er, daß Ihr durch Euer Anseh'n
Der Bürgerschaft ein gutes Beispiel gebt.
Um solchen Preis allein kann er verzeih'n,
(zu Diedrich)
Was gegen ihn Ihr trotzig habt verbrochen.

Diedrich.

Wenn nur um solchen Preis die Gnade feil,
So kann ich nimmer ihrer theilhaft sein.
Ein Beispiel werd' ich geben, doch der Treu',
Die für den eig'nen Glauben lebt und stirbt.

Frischmann.

So seid und bleibt Ihr also ein Rebell.
Wohlan, als solchem wird man Euch begegnen!
Ich hab' Befehl, Euch nach Paris zu senden,
Seht selber zu, was dorten Eurer harrt!

Diedrich.

Ich glaub's zu wissen: ew'ge Kerkerhaft,
Wenn Schlimm'res nicht. Doch, was es immer sei,
Für meinen Glauben werb' ich's freudig dulden.

Frischmann.

Noch eine Stunde geb' ich Euch Bedenkzeit.
Entschließt Euch rasch!
(Zu dem Offizier, der die Wache befehligt.)
Ihr haftet mir für ihn.
(Ab nach links mit Günzer und den Andern, Offizieren und Soldaten.)

Fünfundzwanzigste Scene.

Diedrich allein.

Diedrich.

Nicht der Bedenkzeit braucht's. Ich bin entschlossen.

Sechsundzwanzigste Scene.

Röttlin und Fest kommen aus dem Hintergrunde.
Diedrich.

Röttlin.
Wir sahen Euch dem welschen Schergen folgen,
Und kommen angsterfüllt um Eu'r Geschick.

Diedrich.
Der König fordert, daß ich meinen Glauben
Abschwören soll; wo nicht, so drohet mir
Ein Kerker in Paris, vielleicht der Tod.

Fest.
So rasch beginnt schon Tyrannei ihr Werk,
Und zeigt uns, was wir zu gewärt'gen haben.

Diedrich (zu Fest).
Ich bitt' Euch, sagt es meinem Weibe an,
Daß sie sich rüsten mag zum harten Abschied.
(Fest ab.)

Diedrich (zu Röttlin).
Ihr aber höret an mein letztes Wort
Gleich dem Vermächtniß eines Sterbenden! —
Es kommen schwere Zeiten über Straßburg,
Wie über Deutschland, doch sie werden enden;
Mir sagt's mein Geist. Dereinst erscheint der Tag,
Wo Deutschland sich erhebt vom tiefen Falle.
Wenn erst das Volk in eig'ner Kraft sich regt,
Wenn erst der Bürger sich mit vollem Herzen

Anschließt ans Ganze, wenn Gering und Vornehm
Den gleichen Tod fürs Vaterland nicht scheu'n —
Dann schickt uns Gott wohl einen Fürsten auch,
Der diese Schmach, die jetzt uns knirschen macht,
Von uns hinwegnimmt, jenen stolzen Adler,
Den heut' wir vor den Lilien sinken sah'n,
In neuem Glanz zur Sonne fliegen läßt.
Und wenn sich Deutschland jetzt vor Frankreich beugt,
Die Zeit wird kommen, wo ein fränk'scher Herrscher
In seinem Schloß am fernen Seinestrand
Vor Deutschlands junger Heldenkraft erzittert.
D'rum haltet fest an deutscher Sitt' und Sprache,
An Eu'rer Väter Glauben haltet fest!
Das And're haben wir nicht retten können,
Dies kann uns Niemand rauben. Bleibet Deutsche
In Eures Herzens stillem Heiligthum!
Und lehre jeder seine Kinder auch,
Und seine Kindeskinder, auszuharren,
Auf daß, wenn einst der Tag der Freiheit kommt,
Auch die verlor'nen Söhne wiederkehren
Mit alter Treu' ins alte Vaterhaus!

Siebenundzwanzigste Scene.

Vorige. Frau Diedrich. Fest.

Frau Diedrich.

Mein theurer Mann!

Biedermann.

Diedrich.
Du weißt, was mir bevorsteht?

Frau Diedrich.
Ich weiß', und komme, Dein Geschick zu theilen.
Die Eine Gunst wird man uns nicht verweigern.

Diedrich.
Mich rührt Dein edelmüthiger Entschluß,
Doch überrascht mich nicht. Ich wußt' es wohl,
Du würdest Dich von mir nicht trennen wollen.
So laß gemeinsam uns den tiefen Schmerz
Um die gefall'nen Lieben und um Straßburgs
Zerstörte Freiheit in dem fremden Land
So lange tragen, bis der milde Tod
Auch uns, will's Gott, vereint Erlösung spendet.

Frau Diedrich.
So sei's und Amen! — Lebe wohl, o Straßburg,
Du Grab von allen unsern Hoffnungen!

Diedrich.
Lebt wohl, Ihr Freunde! Auch als Ausgestoß'nen
Bleibt eine Heimath uns in Euren Herzen.

Fest.
O laßt uns Euren starken Geist zurück,
Daß, wie im Kampf er uns vorangeleuchtet,
Er auch im Dulden unf're Kraft beseu're!

Diedrich
(zu dem Offizier).
Ich geb' in Eu're Hand mich als Gefangnen.

Röttlin.

So schließet eines fränk'schen Kerkers Grab
Den edelsten von Deinen Söhnen ein —
Nicht retten konnt'st Du ihn, so räch' ihn,
    Deutschland!

(Der Vorhang fällt.)

Epilog.

Nach Röttlin's Worten: „Nicht retten konnt'st Du ihn, so räch' ihn, Deutschland!" fällt der Haupt= oder Zwischenvorhang; zugleich beginnt eine ernste, traurige Musik, die aber allmählig in mehr heitere, kräftige Accorde übergeht. Nach kurzer Pause hebt sich der Vorhang. Die Scene stellt wieder den Marktplatz zu Straßburg vor mit dem Münster, wie im ersten Act, erste Scene. Es tritt auf:

Germania
(das Schwert in der Rechten, eine schwarz-weiß-rothe Fahne in der Linken).

Er ist gerächt! Und ich auch bin gerächt
Für all' den blut'gen Schimpf, den ich so lange
Von dieser Welschen Uebermuth erlitt.
Hab' ich doch tief im Staub gebeugt getrauert,
Den schamerfüllten Blick zur Erde senkend,
Mit mehr denn zweimalhundertjähr'ger Schmach
Mein Haupt bedeckt; zerrissen mein Gewand;
Zerstückelt meine Rüstung; meine Krone

Von diesem schönen Edelstein entblößt!
So oft von meines deutschen Schwarzwalds Höh'n
Ich der Vogesen blaue Häupter dämmern,
Des Münsters Prachtbau sah zum Himmel ragen,
Schnitt in die Seele mir der tiefe Schmerz,
Daß meiner Ströme stolzester, der Rhein,
Nicht, wie vordem, an seinen beiden Ufern
Nur deutsches Land in seinem Lauf begrüßte;
Daß meines deutschen Meisters Erwin Kunst
Des luft'gen Franzmanns Blick ergötzen mußte. —
Nun aber ist geendet diese Schmach!
Gekommen ist der Tag, wo sich mein Volk
Aus tiefem Fall erhob zu neuer Größe
Durch eig'ne Kraft und stark in Einigkeit! —
In hellen Schaaren zogen Deutschlands Stämme,
Von Nord und Süd, vom Elb- und Isarstrand,
Mit Fahnenweh'n und lust'gem Hörnerklang
All' all' zum Rhein, all' über'n Rhein hinüber.
Und unter ihrem eh'rnen Siegerschritt
Weithin erdröhnend bebte Frankreichs Boden.
Da fehlt kein Volk und keines Landes Fürst
Im heil'gen Krieg um Deutschlands Ehr' und
    Freiheit.
Und kühn voran den kampfesmuth'gen Schaaren
Auf hohem Rosse stürmt der Königsgreis,
In dem der alten Kaiser Heldenkraft,
Des alten Reiches Glanz sich will erneuen.

(In der Ferne hinter der Scene hört man einen kriegerischen Marsch, der näher kommt; Soldaten in den Uniformen der verschiedenen deutschen Länder von Nord und Süd marschiren über die Bühne und gruppiren sich im Hintergrunde mit fliegenden Fahnen.)

Heil Dir, mein Volk, auf Deiner Ruhmesbahn!
Der Helden Geister, die in frühern Kriegen
Zum Sieg' Dich führten, schwebten Dir voran,
Und Deine stolzen Feinde unterliegen!

(Das Orchester fällt ein mit dem Einzugsmarsche in Paris; nach einigen Accorden fährt Germania fort:)

Auf deutschem Boden steh' ich wieder hier,
Bin keine Fremde, Ausgestoß'ne mehr.
Der Muttersprache holden Wohllaut hör' ich —
Nicht mehr beschämt, gleich einer niedern Magd,
Vor welscher Töne hohlem Klang verstummend,
Nein, frank und frei, mit hellem Jubelklang,
Ein deutsches Lied auf deutscher Erde singend.
Ich seh' des alten Meisters Erwin Geist,
Der lange trauernd sich von hier gewandt,
Versöhnt und lächelnd wieder niederschau'n
Von jenes Münsters Spitze, die fortan
Des deutschen Adlers sieghaft' Zeichen schmücke.

(Auf einen Wink von ihr sieht man auf dem Münster die deutsche Fahne aufgerichtet.)

Und dieser ruhmgekrönte deutsche Aar,
Wie er die Feinde schlug mit starken Schwingen,
So wird er auch — ich seh's im Geiste klar. —
Mit zaub'rischer Gewalt die Herzen zwingen.
Der Allemannen wack're Heldensöhne,
Dem Bann entrückt, der schwer auf ihnen lag,
Bald stimmen sie auch ein in uns'res Jubels Töne,
Und grüßen mit uns Deutschlands neuen Tag.

Als Fremde nicht, nein, als geliebte Brüder
Geh'n sie, wie eh'dem, bei uns ein und aus.
Die lang' verlor'nen Kinder kehren wieder
Mit alter Treu' ins alte Vaterhaus.'
(Der Vorhang fällt.)